AF198946

zwischenzeilig

Ernst Merz

Der 1945 geborene Lyriker lebt seit 1993 in Pforzheim.
Von 1960 - 1962 war er als Volkskorrespondent für die
Lausitzer Rundschau tätig.
Seit Eintritt in den Ruhestand widmet sich der gelernte
Ingenieur-Pädagoge dem Schreiben von gereimten Ge-
dichten, tiefgründig, aber auch oftmals mit Humor an-
gereichert.
Seine Themen rollen nicht nur gesellschaftliche oder
gesellschaftspolitische Probleme auf, sondern beschrei-
ben auch gerne die Natur und die Liebe.
Im Jahr 2017 kam ein neuer Gedicht-Stil hinzu.

Ernst Merz hat neben seinen eigenen Büchern,
Veröffentlichungen in Zeitschriften und diversen
Anthologien.

Krimi vs. Lyrik
www.written-by-claudia.de/ernst-merz/

zwischenzeilig

Durch wechselnde Thematik sorgt Ernst Merz
für ein buntes Spektrum an Lyrik.
Von tiefschürfend, Liebe,
Natur und Humoreske,
bis hin zu zwischenmenschlichen
Beziehungen und Politik.

Zwischen Lyrik und Drabbles eingebettet,
finden sich Fotografien von Fred Kövari,
die dem Buch eine gewisse Symbiose
verleihen.

Bibliografische Information der Deutschen Nationalbiblio-
thek: Die Deutsche Nationalbibliothek verzeichnet diese
Publikation in der Deutschen Nationalbibliografie; detaillierte
bibliografische Daten sind im Internet über
http://dnb.dnb.de abrufbar.

© 2020 Ernst Merz
Lektorat: Amei und Roland Merz, Bad Urach
Covergestaltung und Satz: Claudia Konrad, Pforzheim
Fotos: Fred Kövari, Pforzheim

Herstellung und Verlag:
BoD – Books on Demand, Norderstedt

ISBN 978-3-7504-4204-7

Ausflug ins Nirvana

Die Fahrt durch die Nacht im dichten Nebel strengte an.

Blendendes Grau durch die Xenonscheinwerfer, zur Fahrspureinhaltung nicht gerade hilfreich.

Das Navigationsgerät, zwar mit älterem Kartenmaterial bestückt,

wies den Weg.

Ein Update kostete über einhundert Euro!

Zu teuer.

Das Alte tat es, wie er meinte, ebenfalls.

Das Ziel der Fahrt lag in weiter Ferne, die Routenangabe zeigte den Weg.

Jörg, Claudias Ehemann, erhielt einen saftigen Rüffel, das Tempo zu reduzieren, um wesentlich langsamer weiterzufahren.

Zu spät!

Böse Überraschung - die Straße endete abrupt.

Das Schild für die Flussüberquerung war wegen der Nebelfront nicht erkennbar.

Die Fähre wartete auf der gegenüberliegenden Seite ...

Ausgestorben

Der unsichtbare Bücherwurm,
eroberte im Sturm,
all meine Bücher im Regal.
Fatal!
Was der sich so erlaubt,
nach Jahren stark verstaubt,
jetzt hustet er
und prustet schwer,
geschieht dem Kerl ganz recht.
Von Lettern ward ihm schlecht,
zu gierig,
sie hinterschlucken schwierig.
Hat sich das selbst versaut,
weil der mich nachts beklaut.
Doch damit ist nun Schluss,
weil er verstehen muss,
das E-Book ist kein Buch.
Der Wurm verendet beim Versuch,
denn was er gar nicht mag,
ist ein Elektroschlag.

Kinderträume

Astronaut einmal zu werden,
allem Zwange so entfliehn,
aufzusuchen ferne Erden,
dorthin später umzuziehn.
Kurz nur währte dieser Traum,
sah als Arzt mich operieren,
Tote im Behandlungsraum,
wer will Fehler schon riskieren?
Lokführer und Ingenieur,
Banker dann, mit Schlips und Kragen,
oder gar mal Konstrukteur,
wo hätt ich das meiste Sagen?
Unreif sind der Kinder Träume.
Auf das Lernen kommt es an,
Ohne Fleiß bleiben es Schäume,
sonst stehn Ziele hintenan.

Nachterleben

Wenn leis der Wind ein Lied erzählt,
von Schmach und Liebe, Freud und Leid,
klingt es von zart bis schmerzgequält,
der Mond strahlt gelb im Abendkleid.

Das Weltall scheint so groß und fern,
im Schattenreich wird Leben wach,
möcht wissen, von dem fremdem Stern,
ist dieser grün, fließt dort ein Bach?

In Adern Blut im Takt pulsiert,
am Tag sind Angst und Schrecken klein,
die Sinne hoch elektrisiert,
wenn nachts die Hirngespinste schrein.

Gefühle sind des Menschen Salz,
besetzen einen hohen Rang,
sie ruhen nie, sind auf der Walz,
bestimmen uns ein Leben lang.

Abrechnung

Gottlob ist die Qual vorbei und du mir einerlei,
bist nicht wiederzuerkennen.
Muss mich von dir trennen, in der Hölle sollst du bren-
nen, liegst in meiner Seele, schwer wie Blei.
Steh bei deinem Engelsanblick unter Trance,
davonzurennen, meine letzte Chance.
Deine sanften Blicke haben anfangs nur betört,
zerstört ist jegliches Vertrauen in die Frauen.
Mit deinen Klauen hast du mich besetzt, verletzt, ich bin
entsetzt.
Wie hast du es geschafft, auf Fließsand Liebe aufzu-
bauen?
Hör endlich auf, mich schuldlos anzuschauen,
bei mir sind Frauenlist und Tücke restlos ausgereizt.
Gegeizt hab ich allein beim Geldausgeben,
du dagegen wolltest leben, in Höhenflügen schweben,
eben darum kam die letzte Zahlungsmahnung.
Ahnung hatt ich davon nie, Schulden bis zum Knie,
trotzdem musstest du im Kaufrausch kaufen.
Teuerstes Parfum, in reich verzierten Flaschen,
Hummer, Kaviar, Champagner füllten deine Taschen.
Jedes Fass kommt da zum Überlaufen.
Hast das Konto heillos überzogen,
mich belogen und betrogen, fühl mich ausgezogen,
nackt, darum jetzt der Trennungsakt.
Glaubtest du im Ernst, ich wäre Rockefeller,
ich wär blöd, du umso heller?
Schneller als du glaubtest kommt die Wende,
bin mit der Moralpredigt am Ende.
Letzter Kuss im Gehen,
tschüss, adieu, auf Nimmerwiedersehen.

Wissenslücken

Mein Selbstwertgefühl kommt bei dir zum Erliegen,
die Blicke oft fordernd und strafend zugleich,
dein Sexappeal ist für mich Traumlandbereich,
in engere Wahl bin ich nie aufgestiegen.

Zuerst sollt ich Zweifel und Schwächen besiegen,
wie Butter zerlauf ich vor dir, werde weich,
das macht deine Schönheit, ganz ohne Vergleich,
wie lerne ich in deiner Nähe das Fliegen?

Voll Leidenschaft werd ich den ersten Kuss geben,
mein Magen schlägt Salto, mein Blut pulsiert heiß,
kann ich mit dir Stunden der Liebe erleben?

Nur gut, dass von Nymphomanie ich nichts weiß,
die Realität bringt mich erstmals zum Beben,
erlag deinen Künsten beim Männerverschleiß!

Abgehoben

Ede, so nannten ihn seine Berliner Musikerkollegen, Frontmann einer bekannten lokalen Band. Die Frauen himmelten ihn bei seinen Auftritten an. Die Masse stand immer dichtgedrängt vor der Bühne, um ihrem Idol so nahe wie möglich zu sein. Er schwebte bei jedem Auftritt auf Wolke sieben, ja, er hob manchmal regelrecht in seiner Euphorie ab.

Vorbilder für ihn waren die Bands aus den sechziger und siebziger Jahren, welche ausflippten, ihre Instrumente zertrümmerten, oder direkt von der Bühne aus in die Menge sprangen.

Einmal solch ein Erlebnis haben!

Ede holte Anlauf und sprang:

Die Menge wich entsetzt auseinander - die Landung schmerzte sehr!

Stopp!

Auch ohne Abra und Kadabra,
war plötzlich tief in mir,
wie märchenhaft,
die große Liebe da.
Als reflektierender Saphir,
voll Energie und Kraft,
hat sie in mir Magie geschafft.

Abrupt beim Küssen, meint sie: Stopp!
Lag es am Alkohol?
Erfahrungen sie warnen,
besiegelt war mein Liebesflopp,
ich trank zu viel vom Aperol.
Konnt' sie nicht mehr umgarnen,
kein Schleimen half, kein Tarnen.

Was immer zieht, ist sie verwöhnen,
an meine Nähe erst gewöhnen,
so wird sie mich auch nicht verhöhnen.

Ein Kuss von ihrem roten Mund,
macht meinen Seelenschmerz gesund,
ich hab zur Klage keinen Grund.

Faszination

In Wolkengebilden erwacht Fantasie,
wenn fern sie sich teilen, dann formen.
Sie wabern am Himmel in Sweet Harmonie,
sie kennen nicht Zwänge, noch Normen.
Fast wie ein Bukett einer Traumsynphonie,
ist Wolkentanz stetes Performen.

Wie leichtschwebend die Phänomene entstehn,
vom Höhenwind richtungsgeblasen.
Sie fallen zusammen, um neu aufzustehn,
sehr kurz nur, die formenden Phasen.
Nie bleibt ein Phantombild als Ganzes lang stehn,
denn flüchtig sind Wasseroasen.

Dem Treiben zu folgen ist Seligkeit pur,
es dupliziert Spiel einer Herde.
Bizarr sind sie oft, nie in reiner Struktur,
vergleichbar dem Lauf wilder Pferde.
Gebären und Sterben bestimmt die Natur,
am Himmelszelt, wie auf der Erde.

Ich mit mir

Zog jüngst mit mir in eine Wohnung,
dort kommen wir ganz gut zurecht.
Bequemlichkeit ist die Belohnung,
ganz ohne Stress, kein Wortgefecht.
Bin tolerant in vielen Dingen,
wir sind meist kompromissbereit.
Ruft einer, soll der andre springen,
gemach, wir haben beide Zeit.
Wenn wir uns dann die Meinung sagen,
bei ein- zwei Gläschen edlem Wein,
dann geht es meist um Ordnungsfragen,
da stimmen wir schlecht überein.
Zum Beispiel soll ich Müll wegtragen,
denn schließlich ist mal jeder dran.
Mach es gleich selber, ohne Fragen,
der andre macht's dann irgendwann.
Ich fänd's nicht fair, mir gegenüber,
dich zu betrügen, ohne Grund.
Wer von uns Lust hat, spricht darüber,
do it yourself, das ist gesund.
Zu schweigen, tagelang nicht reden,
das kommt bei mir nur selten vor,
dann bin ich knätschig, meide jeden,
noch nie verließ uns der Humor.
Und nachtragend niemals gewesen,
versöhne mich mit dir sehr schnell.
Beim Bier, mit mir, am Kneipentresen,
läuft unser Zwiegesprächsduell.

Wunschdenken

Ein zaghaftes Lächeln umspielt deinen Mund,
die bildhübschen Augen verraten zu viel,
ich schein deiner Blicke beachtetes Ziel,
du nennst mit verhaltener Stimme den Grund:
Es gibt ein Gefühl, das mich aufwühlt, entzückt,
den Augenblick nutzt und dem Hiersein entrückt,
ich nenne es Blitzeinschlagliebe.

Ein Schauer durchläuft mich, dein Arm streift mich
sacht,
ich atme tief ein und verspür einen Kuss.
Erhoff im Geheimen, es gäb keinen Schluss,
bis Sonnenerwachen gehört uns die Nacht.
Du hast voller Inbrunst dein Herz mir geschenkt,
dich mir hingegeben, verführt und gelenkt.
Nur Wunschdenken, dass es so bliebe?

Abgegeben

Wer kann schon Suppe ohne Löffel essen?
Mit Messer und mit Gabel geht das nicht,
es ist zu flüssig, dies Gericht
und schlürfen - lieber schnell vergessen.
Man schnitzte früher wie besessen,
aus Holz, aus Ton und Knochen,
ein Esswerkzeug zum täglichen Gebrauch,
um nach dem Suppenkochen,
sich vollzufüllen seinen Bauch.
Auch wurde so ein Schaufelding
verehrt, weil überhaupt das Oberhaupt,
an diesem einen Löffel hing.
Ein wertvoller Besitz, wer den besaß,
ganz ohne Spaß,
gab ihn zum Essen weiter dann für alle.
Wenn Vater irgendwann verstarb,
erwarb in diesem Falle
der Nächste das geerbte Stück.
Als Gut und Hab,
blieb es zum Glück,
als Suppenlöffelding zurück.
Bis heut hört man an manchem Grab:
Der Kerl gab seinen Löffel ab.

Anweisung befolgt

Sechzehn!
Endlich durfte sie in die Jugenddisco, welche drei Kilometer von Zuhause entfernt war. Am Einlass zeigte sie stolz den Personalausweis, stand kurz darauf, im von Blitzen und Nebel eingehüllten Saal.
Um vierundzwanzig Uhr musste sie allerdings wieder daheim sein.
Der Weg durch die Dunkelheit war ihr unheimlich, zumal sie Schritte dicht hinter sich hörte.
Sie umklammerte das Pfefferspray, das ihr die Eltern gekauft hatten.
Im Umdrehen erkannte sie eine kräftige Gestalt, die den Arm nach ihr austreckte.
Nach dem Druck auf die Patrone, folgte unmittelbar ein Aufschrei, dann erkannte sie die Stimme ihres Vaters.
Sein heimlicher Kontrollgang endete schmerzhaft.

Hoffnungsschimmer

Gedanken prasseln windgeschwind
im Kopf und quälen mich im Geist,
die Eifersucht, als Pest und Grind,
verpuppen all mein Denken dreist.
Machst trunken mich, als Rebenblut,
dein Odemhauch verschlingt die Glut.

Gestade nah und doch so fern,
kämpf ich mit stumpfem Schwert um dich,
befriede meinen Seelenkern,
er fürchtet den finalen Stich.
Zieh mich aus diesem Moderschlamm,
ich fühl, mein liebend Herz wird klamm.

Enttau das Eis, das mich erfriert,
setz dein Verlangen neu in Brand,
wenn Teufelsbrut an Macht verliert,
führst du mich heim, reich mir die Hand.
Ich spreng die Ketten im Verlies,
uns winkt in spe das Paradies.

Verlöschende Glut

In mein Gedächtnis gräbt dies Bild sich ein,
es fasziniert und inspiriert,
ein Abschiedsgruß, ein letzter müder Schein,
von Bergen, links und rechts flaniert.
Dort züngelt es, als brennt die Welt,
die ferne Glut erlischt im Meer,
in Schwarz getaucht, das Himmelszelt,
die Farbpalette nicht ganz leer.
Der Blick geht hin zum Horizont,
erhasch den letzten Mystikstrahl,
die Nacht bricht ein, als dunkle Front,
des Mondes Licht scheint spärlich, fahl.

Dem Tode geweiht

Ein ausgehöhlter kranker Baum,
steht fest, will lang noch leben,
verfällt der Zeit, er merkt es kaum,
vorbei, sein Himmelsstreben.
Ein Bildsymbol für unsre Welt,
kein Dasein ist von Dauer,
wenn sich erst Alter zugesellt,
dann liegt der Tod auf Lauer.
Doch neues Leben meldet sich
direkt in seiner Nachbarschaft,
nach Jahren wächst dort sicherlich
ein Baum, voll Energie und Kraft.
Geschützt im Schatten er gedeiht,
den Mutter für den Spross erbringt,
voll Stolz, dem Ableben geweiht,
sieht sie, wie ihm der Wuchs gelingt.

Männer!

Sie liegt in den Wehen,
ein Kommen und Gehen,
kann das ein Mann jemals verstehen?
Den Schmerz im Gesicht,
zusammen er bricht,
für ihn ist das Durchhalten Pflicht.
Nach erstem Geschrei,
ist alles vorbei,
für ihn reinste Schwerplackerei.
Die Nächte durchwachen,
das Wechseln der Sachen,
die Frau könnt doch selber das machen.
Der Mann geht spazieren,
vor Frauen flanieren,
was hat er schon groß zu verlieren?
Sein Machogehabe,
folgt ihr bis zum Grabe,
ihm eigen, die göttliche Gabe.
Sagt, ist das gerecht,
da wird einem schlecht,
ein Zerrbild vom Männergeschlecht?

Reifende Früchte

Geboren als Wunschkinder, glücklich zu leben,
steh selbstlos zur Seite, besitze sie nicht.
Erweis ihnen Liebe in sorgsamer Pflicht,
darfst Selbstständigkeit unbegrenzt weitergeben.

Ihr Körper soll wohnen, im Heim voll Vertrauen,
sperr Seelen der Kleinen auf Dauer nicht ein.
Gedanken und Träume verbleiben allein
in ihnen, um Grundfundamente zu bauen.

Das Leben verweilt nicht beim Gestern, es drängelt,
im Festhalten schwindet zugleich jeder Halt,
lass Früchte gedeihen, doch nie mit Gewalt.

Wenn Kinder begreifen, sie sind ungegängelt,
Erfahrungen sammeln, die niemand bemängelt,
wird aus grünem Spross eine reife Gestalt.

Das Bohrloch

Er war so stolz auf sein neu eingerichtetes Schlafzimmer.

Was fehlte, war eine Steckdose für die Nachttischlampen, oberhalb der Scheuerleiste, direkt am Bett.

Die Leitung hatte er bereits unter diversen Schwierigkeiten verlegt, denn die Wand bestand aus Hohlblockziegeln.

Für die Installation der Steckdose hatte er sich einen Dosensenker mit Verlängerung besorgt. Die erste Wandung bohrte sich relativ leicht, bis er plötzlich in einen Hohlraum stieß.

Noch passte seine gekaufte Dose nicht hinein. Er setzte erneut an und stieß mitsamt der Verlängerung ins Nichts.

Im gleichen Moment schoss aus dem Bohrloch ein Wasserstrahl.

Das Wasserbett der Nachbarwohnung war in Sekundenschnelle platt.

Fata Morgana

Dein sinnliches Lippenpaar reizt mein Verlangen,
ich schmelze vor dir, wie ein Gletscher bei Föhn,
bin lang schon im Bann deiner Aura verfangen,
der Klang deiner Stimme wirkt märchenhaft schön.

Wenn tausende Feuer in mir hell erbrennen,
die Seele in Aufruhr ein Beben verspürt,
dann meine ich, wahrliche Liebe zu kennen,
die wie eine Spinne das Denken verschnürt.

In deinem Esprit hat mein Herz sich verfangen,
die Stunden, sie quälen, bist du fern von mir,
wie konnte dein Gift in die Blutbahn gelangen
und toxisch pulsieren, als heißer Geysir?

Lass uns in dem Kelch tiefer Lüste ertrinken,
Erotik verspüren, in wechselndem Spiel,
dabei eng umschlungen im Rausche versinken,
als gäbe es für uns kein anderes Ziel.

Mein frommer Wunsch schwindet als Fata Morgana,
das Strohfeuer wurde im Keime erstickt,
es war nur die Wirkung von Marihuana,
der Rauch hatte mich auf die Reise geschickt.

Bewusst gewordenes Sein

Geh offener Sinne durch Wälder und Flur,
die Schönheit der Welt zu entdecken,
Natur überrascht, wechselt stets die Frisur,
enthüllt manch verborgene Flecken.

Vor Einbruch der Nacht, einen Blick ich noch wag,
das Bergfeuer brennt in der Ferne,
ich buch dich als sorgenentledigten Tag,
denn bald schon verzaubern die Sterne.

Mein Lager im Moos könnte schöner nicht sein,
ob Nachtmonster hier auf mich lauern?
Erschöpft schlaf ich unter dem Himmelszelt ein,
die Kühle der Nacht lässt mich schauern.

Manch Spinnennetzfäden erglitzern im Tau,
wenn Lichtstrahlen diese durchbrechen,
Termiten verlassen den Waldbodenbau,
das Morgenrot will mich bestechen.

Böses Erwachen

In Angst, Hand in Hand, im fernfremden Land,
wir irrten wie Geister umher.
Stockfinster die Nacht, auf Schlafen bedacht,
ein Lager zu finden war schwer.

Behutsam und zart, auf liebende Art,
zog ich dich behutsam hernieder.
Ganz feucht wurd es mir, ganz ähnlich bei dir,
mit Stacheln bespickt alle Glieder.

Am Morgen danach, noch kaum richtig wach,
wir lagen auf Feigenkakteen,
die Stimmung versaut, das Zetern der Braut,
da kann Lust auf Liebe vergehen.

Tiefgefühletausch

Geneigt, die Stille zu ertragen,
schleicht sie sich in mein Sein hinein.
Allein!
Der Wille ist blockiert,
es stirbt mein Liebesbaum.
Hör leise Stimmen sagen:
Entsteig dem Traum
und wein,
ganz ungeniert, lechz laut nach neuer Lust.
Ergeben
liegt das Leben,
zu Füßen dir im Licht,
dem Frust
wird jeder Spalt verbaut.
Genieß vom Glück, so lang es reicht,
bis seicht,
die Stille von dir weicht.
Ersprieß im Lebensrausch,
mach trunken dich
vom Tiefgefühletausch,
wirst sehn, die Einsamkeit verbleicht.

Spiegelung

Der Himmel hat mich abgewiesen,
auch will die Hölle mich nicht haben.
Lass mir das Leben nicht vermiesen,
kann mich an irdisch Schönem laben.

Ich träum mir einen Regenbogen,
er mahnt, im Hier und Jetzt zu leben.
Ich wurd' vom Jenseits früh belogen,
verlernte nicht, in Not zu geben.

Erfahrung hat mich wissen lassen,
es lohnt, die Uhr auf null zu stellen,
als Stärke Schwäche zuzulassen
und so den Horizont erhellen.

Genieß' die Zeit, die mir verblieben,
die Berge, Tiere, Meeresrauschen,
kann Erdenglück unendlich lieben,
voll Andacht weisen Worten lauschen.

Ganz großes Kino

So sehr hat sie sich auf diesen Tag in ihrem Leben ge-
freut und heute war es endlich so weit:
Ihre Traumhochzeit mit dem Mann, der ihr ewige Treue
versprochen hat.
Die Kirche war mit Hochzeitsgästen gefüllt und sie
stand mit ihrem Zukünftigen bereit, das Ja-Wort zu
sprechen.
Als Musikuntermalung hatte er für sie einen Titel von
Andrea Berg gewählt:
DAS KANN KEIN ZUFALL SEIN ...
Das Lied beginnt mit:
DAS MIR SOWAS PASSIERT, HÄTTE ICH NIE
GEGLAUBT ...
Doch was stattdessen wirklich passierte - ein fürchterli-
cher Fauxpas!
Bei der Titelwahl verkehrt gedrückt - alle waren ge-
schockt!
Es ertönte:
DU HAST MICH TAUSENDMAL BETROGEN ...

Planet im Wandel

Schütter liegt Raureif auf Ästen und Zweigen,
hüllt als ein Teppich die Florawelt ein,
Väterchen Frost will im Weißrock sich zeigen,
strotzet mit Kraft, denn der Winter ist Sein.

Klamm alle Finger und rot das Gesicht,
Vögel, sie schweigen, die Nahrung wird knapp,
Kälte nur kurz, sagt der Wetterbericht,
Strahlen der Sonne, noch machen sie schlapp.

Sehnen nicht Kinder den Schneefall herbei?
Klima im Wandel, die Erde in Not,
Flockentanz, Schlittenfahrt, Eistümmelei,
kommt der Planet durch Verfall außer Lot?

Frühling im Winter und Stürme zu Hauf,
Hochwasser, Feuer, vielleicht auch mal Schnee,
prognostiziert ist der Unheilverlauf,
sorgt für die Kehr, denn es gibt keine Fee!

Alt wie ein Baum,
möcht ich nie werden ...

Ein Monster von Olivenbaum,
sein wahres Alter kennt man nicht,
steht nicht allein und nicht am Saum,
sein Stamm pompös, die Zweige schlicht.
Verwurzelt im Olivenhain,
trotzt er der Hitzeglut,
mit seinem Umfang nicht allein,
des weiten Landes Hab und Gut.
Er lechzt nach Wasser, spät im Jahr,
der Ölbaum braucht es für die Frucht,
die Ernte wäre in Gefahr,
das Nass ist dieser Bäume Sucht.
Nicht halb so alt möcht ich mal sein,
ich säh komplett verschrumpelt aus,
Relikt wär ich, ein Urgestein,
vergleichbar einem Abrisshaus.

Gott vergelts

Brich endlich auf zum Sündensammeln,
beim Beichten werden sie verziehen,
musst leis ein Vaterunser stammeln
und Reue einbeziehen.
Auch wenn du's immer ehrlich meinst,
voll Lügen ist die Welt,
das zieht sich hin bis jetzt, von einst,
durch Gott wird es vergelt.
Das wissen all die Satansbraten,
sie baden sich im Unschuldsschlamm,
von Anwälten zum Trug beraten,
so bleiben sie ein weißes Lamm.
Wenn mal das Lügennetz enttarnt,
das Fähnlein schnell sich dreht im Wind,
sind sie beizeiten vorgewarnt,
verstellen sich als taub und blind.
Und die Moral von der Geschicht',
die Lügner tarnen ihr Gesicht,
erscheinen stets im rechten Licht,
denn dieser Klüngel, er hält dicht.
Bleib ehrlich stets und schwindle nicht.

Seemannsgarn

Piraten der Meere genannt,
Pardon kannte keiner von ihnen,
auf ewig geächtet, verbannt,
verdammt, ihrem Käpten zu dienen.

Schon lang als verschollen geglaubt,
doch plötzlich im Nebel gesichtet,
ein Schiff, welches Schiffe beraubt,
danach durch Versenken vernichtet.

Sie strichen den Viermaster weiß,
nicht gleich so als Seeräuber kenntlich,
die Aussicht auf Gold machte heiß
und Habgier darauf schien unendlich.

Kein Stoßgebet half, was geschah,
sie nachts einen Spitzfelsen rammten,
den niemand im Dichtnebel sah,
die Götter den Raubtrust verdammten.

Die Mannen dem Tode geweiht,
denn Schwarzseelen sind nicht zu retten,
zur Bergung kein Reeder bereit,
dort hört man nachts rasselnde Ketten.

Braune Saat

Auf der Bank am Berg, saß stumm ein alter Mann,
dass er hundert war, das sah ihm keiner an,
lud zum Sitzen mich gleich ein,
war wohl einsam und allein,
zog mit leisen Worten, mich in seinen Bann.

Er erzählte von Vernichtung und vom Krieg,
von Parolen, welche riefen auf zum Sieg,
sprach von Toten an der Front,
Feuer bis zum Horizont
und von der Gefahr, die aus der Asche stieg.

Eine Träne rann, er griff nach meiner Hand,
schaute mit getrübten Augen übers Land,
aus Erfahrung sprach sein Rat,
mich zu kümmern um die Saat,
die da keimt im braunen Neosumpfverband.

Diese Worte brannten tief sich in mir ein,
sagte ihm: „Adieu" und ließ ihn dort allein.
Selbst die Zeit auf jener Bank,
sie lief ab, er war todkrank.
Nehm' mit seiner Sicht, das Land in Augenschein.

Beamtenalltag

Montagmorgen.
Anruf im Büro des Naturschutzamtes:
„Guten Morgen, ich möchte im Vorgarten einen Baum fällen lassen. Könnten Sie eine Firma vermitteln?"
Kurzes Zögern, dann: „Geben Sie mir Straße und Hausnummer durch, ich schicke Freitag einen Fachmann dorthin."
„Gern, Asternweg elf" - ein lautes langes Kratzen in der Leitung - „So, da bin ich wieder, habe alles notiert."
Freitag früh.
Eine Kettensäge sprang an und Minuten später lag die stolze Tanne am Boden. Der Besitzer des Nachbarhauses kam aufgeregt dazu und zeigte auf den verknorpelten Apfelbaum in seinem Vorgarten, der gefällt werden sollte:
Asternweg Nummer elf.
Auf dem Auftragsschein stand Asternweg Nummer zwölf!

Schweben

Aus Träumereien abgehoben,
nach oben,
direkt auf einen Regenbogen.
Wie friedlich ist er anzuschauen,
er weckt Vertrauen,
durch ihn beginnt Vereistes aufzutauen.
Dein Geist, er möchte jauchzen, singen,
lässt längst verstummte Saiten schwingen,
die unaufhaltsam in dich dringen.
Beginn die Traumlandreise,
betritt den Bogen leise,
geh über ihn, etappenweise.
Genieß die Augenblicke, lass dich schweben,
spür intensiv das Leben,
es bringt die Seele dir zum Beben.
Sollt' je der Regenbogen sterben,
ein Herz für deines sich bewerben,
wirf es nicht weg, es bricht in Scherben.

Amors Macht

Dein Leib wiegt sich in Lüsternheit beim Strippen,
vom Sinn gesteuert, dominiert die Lust.
Erspür die Pfirsichhaut der zarten Brust,
elektrisiert darf ich am Nektar nippen.

Pulsierend drängt das Blut in pralle Lippen,
kein Platz, für angestauten Alltagsfrust.
Es explodiert dein Gipfelsturm robust,
im Gleichklang wir das Erosziel erwippen.

Vom Rausch ermattet sinken wir hernieder,
gezeichnet durch die Feuersbrunst der Nacht,
noch schwelt sie in uns, diese Glut, sehr sacht.

Euphorisierend wirkt dein Duft von Flieder,
erwachte Libido erfasst die Glieder,
und Amors Pfeil entfaltet neue Pracht.

Spirituelle Bindung

Ein Lied schwingt im Wind,
trägt leis es mir vor,
als säng dies mein Kind,
was ich einst verlor.
Die Trennung, sie schmerzt,
auf ewige Zeit,
hab dich oft geherzt,
jetzt bist du mir weit.
Es geht dir dort gut,
im himmlischen Reich,
das gibt mir neu Mut
und rührt mich sogleich.
Ich winke zum Schluss,
lass dich nun allein,
noch schnell einen Kuss,
im Spätsonnenschein.
Schließ Frieden mit mir,
die Trauer vergeht,
du bleibst mein Saphir,
denn Liebe besteht.

wehklagen

schaut her wie ich frier
verlier meine blüten
hüten wollte ich sie
nie unter schnee sterben
wenn frostgrade wüten
nach mir voller gier
schau ich ins verderben
vernichten gereiften samen
namen des monsters april
verwünsch seine frühlingsreklamen
erstarre verharre
um mich wird es still
mein stoßgebet endet im amen

Gefühlsexplosion

Ein Wolkenband, noch hinter Hügeln versteckt,
verschmilzt mit dem Rot,
was die sterbende Sonne versendet.
Die Sinne, sie haben die Schönheit entdeckt
und mahnen zum Umweltgebot,
dass ja dieses Blatt sich nicht wendet.

Die gierigen Schatten der nahenden Nacht,
sie streifen gespenstisch durchs Land.
Kein Raunen, kein Laut weit und breit,
der Vollmond hält pflichtbewusst Wacht.
Er trägt einen Hof als Nebelgewand,
der Tag ist zur Ruhe bereit.

Feurige Nacht

„Schatzi, fahr doch in den nächsten Waldweg hinein,
ich brauch es jetzt ...“
Der Weg kam.
Die Scheinwerfer meines Autos fraßen sich durch die
Dunkelheit, irrten minutenlang zwischen den Bäumen
des Waldes umher, bis ich meinte,
den richtigen Platz gefunden zu haben.
Nach Abstellen des Motors, verlöschte auch das grelle
Licht.
Wir standen in völliger Dunkelheit und tasteten uns ein
paar Schritte in den Wald, bevor wir uns niederließen.
Wieder im Auto:
„Schatzi, so stürmisch hatte ich dich unter mir noch nie
erlebt.“
Tags darauf fuhr ich allein an diese Stelle, zu schauen,
was nachts so brannte.
Es war ein Termitenhügel!

Infiziert

Er ist recht alt,
lernt täglich neu dazu,
doch eines gibt ihm keine Ruh,
lässt ihn nicht kalt.
Die Nachricht, die er jüngst erhielt,
er wäre infiziert,
das hat ihn irritiert,
dazu ein Hinweis, der empfiehlt,
er sollt' schnell reagieren.
So meldet er beim Arzt sich an
und meint, dass der das regeln kann,
der Doktor soll das inspizieren.
Ihm wurde schriftlich mitgeteilt,
er hätt' auf Seiten spioniert,
dann diese abonniert
und viel zu lange dort verweilt.
Legt seinen Laptop auf den Tisch,
ein Staunen war die Reaktion,
was sollte diese Aktion?
Der Virus wär da drin, ganz frisch!
Im Lachen und mit viel Geduld,
klärt ihn der Facharzt auf,
nimmt seine Unkenntnis in Kauf,
sein Alter war daran wohl schuld.

Abschied

ein letzter feuchter Blick
ein letztes Abschiednehmen
ein letzter leiser Klick
ein letztes Bild aufnehmen
ein letztes Mal ein Winken
ein letztes Abendmahl
ein letztes Ouzotrinken
ein letzter Sonnenstrahl
ein letzter Glockenklang
ein letztes Mal gelacht
ein letzter Abgesang,
ein letztes „Gute Nacht"
ein letztes Schlafengehn
ein letztes Abschiedsweh
ein letztes Frühaufstehn
ein letztes „Tschüss, adé"
ein letzter Blick zurück
ein letztes Urlaubsglück

Ewiger Kreislauf

Es reden die Alten von goldenen Zeiten,
in denen sie früher wohl lebten.
Sie hasten und jagen, die Stunden entgleiten,
auch Ziele, die manche erstrebten.

So träumen sie weiter von besseren Tagen,
beneiden die sorglose Jugend.
Die Hoffnung schwelt weiter, es bleiben viel Fragen,
nie aufgeben ist eine Tugend.

Die Neugier der Menschheit, ob Mädchen, ob Knaben,
wird nicht mit dem Tode begraben.

Sternennacht

Wonneselig fällt ein Sternenschnuppenregen,
in der stillen Mondglanznacht hernieder,
wintersteifgefroren alle Glieder,
wagen engumschlungen, uns kaum zu bewegen.

Traumbildartig schickt der Himmel seinen Segen
durch die Nacht, als wär sie Schwarzgefieder,
summ dir tiefergriffen Liebeslieder,
küss dich innig heiß, denn du hast nichts dagegen.

Tastend öffne ich dein enges Mieder,
spür dein pochend Herz, wir bleiben bieder,
wollen unsre Märchenglücksmomente hegen.

Sehnsuchtsfeuer züngelt immer wieder,
möcht mein Leben gern in deine Hände legen,
schreiten glückbeseligt hin, auf Zukunftswegen.

Teilen

Er scheint mir recht verbittert,
sein Körper zittert,
ich reiche ihm die Hand.
Die Seine schmutzig und zerknittert,
er kommt aus fernem Land.

Lebt auf der Straße obdachlos,
scheint völlig sprachlos.
Sind Bettelspenden täglich Brot,
ist das des Flüchtlings letztes Los?
Meint leis, er wäre lieber tot.

So viele Menschen gehn vorbei,
der Menge ist es einerlei.
Ich lad ihn ein,
zu einem Kaffee in der Bäckerei,
so muss er nicht alleine sein.

Sein Blick verrät mir Dankbarkeit,
für mich Gelegenheit,
zu zeigen, dass ich helfen will.
Er staunt, ob der Gefälligkeit
und lächelt abschiedsnickend still.

Altersleiden

Opa Kurt ist noch bei guter Gesundheit, außer mit seinen Augen.

Oma Else dagegen leidet zunehmend daran, ihren Mann immer schlechter zu hören.

Er fragte neulich beim Aufstehen:

„Ich finde meine Brille nicht. Weißt du, wo ich sie hingelegt habe?"

Kurze Pause.

„Ich lege meine vor dem Schlafengehen immer auf den Wohnzimmertisch."

Kurt fand die Brille, konnte aber damit nur verschwommen sehen.

Im Bad putzte er sich seine restlichen Zähne und entnahm dem Becher den Zahnersatz.

Er versuchte ihn einzusetzen, doch dieser passte hinten und vorne nicht.

Fluchend setzte er die Brille ab.

Kurt hatte die Zähne seiner Else erwischt.

Wahre Liebe

Dein stets erquickend helles Lachen,
es folgt mir nach auf Schritt und Tritt.
Aus Wolke sieben aufzuwachen,
ging tief, für mich ein Seelenschnitt.

Du fehlst mit jedem Schlag der Stunde,
die Wohnung öd, das Bett bleibt frei.
Dein letzter Kuss auf meinem Munde,
im Grunde doch nur Heuchelei.

Ein Fehler, mich an dich zu klammern,
du gabst mir Liebe nie zurück.
Wer neuen Mut schöpft darf nicht jammern,
zum Neubeginn fehlt nur ein Stück.

Im Miteinander schwingt die Freiheit,
die Ketten sind da pures Gift.
Zur wahren Liebe braucht es Arbeit,
bis man zur Mitte hin sich trifft.

Abläufe

Ein Wolkenband, hinter den Hügeln versteckt,
entsendet ein letztes Mal glühendes Feuer.
Die Sinne, sie haben die Schönheit entdeckt,
erwachende Schatten sind Schwarzungeheuer.

Die gierigen Monster der nahenden Nacht,
sie streifen gespenstisch durch dunkelnde Gassen.
Des Vollmondes Licht hält beflissen die Wacht,
es streicht über Häuser und deren Terrassen.

Fällt auch in das Fenster des Kindes herein,
der Mondmann grüßt lächelnd vom Himmel herunter.
Wiegt dabei das Kleine in Schlafträume ein,
kurz vorher war es ohne Mond noch putzmunter.

Beim Hahnenschrei früh, wenn das Kleine erweckt
und Morgenrot kündet von strahlendem Wetter,
ist Sonne noch hinter den Wolken versteckt,
doch Wind bläst sie fort, er spielt Tageserretter.

Zäsur

Der Herbst sich im Revier ausbreitet,
deckt buntes Laub auf weite Flur.
Im Nebel wabert die Natur,
es düngt, dass Tod die Zeit begleitet.

Dem Winter wird das Bett bereitet,
ein Schritt zur Jahresendzäsur,
des Nachts ruft Frost zur Eistortur,
von Unbarmherzigkeit geleitet.

Noch ist die Fauna nicht am Schlafen,
sie bunkert Nahrung im Voraus.
Den schwächsten Wesen droht Garaus.

Manch Böen Kronenäste trafen,
als wollten sie die Schönheit strafen,
ergötzen sich am Blätteraus.

Streit beendet

Nein, mein Kind und nochmals nein,
lass es sein,
dafür bist du noch zu klein.
Komm mir nicht mit einer Ratte,
Schluss, mit dieser Freunddebatte,
still, grad kommt mein Gatte.
Was zum Teufel geht hier vor,
beide schrei'n im Chor,
Mutter schießt ein Eigentor.
Er erfährt ganz nebenbei,
von der Meckerei,
für ihn nichts als Afferei.
Wovor ist denn Mutter bange?
Ich leb schon so lange,
in dem Haus mit einer Schlange.
Lasst den Zickenstreit,
zwanzig Jahre, es wird Zeit,
dass das Mädel ihre Ratte freit.

Pseudofreunde

Franz und Knut
nenn ich die beiden,
sie sind schuld an meinem Leiden,
ohne sie ging es mir gut.
Mir hilft keine Ambulanz,
will den Weg dorthin vermeiden.
Franz genießt die Toleranz.
Ist für mich Rundumberater, seit mein Vater
mich aus seiner Wohnung schmiss.
Nie verwand ich diesen Riss,
leb seither im Dauerkater,
weil ich die Bequemlichkeit vermiss.
Knut und Franz verstehen mich,
ganz bestimmt auch meine Sorgen.
Meinen, nicht nur morgen,
fühle ich mich sicherlich,
in dem Kumpeltrio tief geborgen.
Pseudonym für Zigaretten
ist der Franz,
der mir zu Füßen liegt,
siegt, bei allen Aufhörwetten,
jedoch fehlt akut die Toleranz.
Schlimmer noch ist Knut,
tut seit langem mir nicht gut,
lebt als Alk in meinem Blut.
Trink mich satt, verschmähe Brot,
bald bin ich lebendig tot,
kein Verbot kann mich erreichen.
Flucht ist zwecklos aus der Sucht,
sie schlägt zu, mit voller Wucht,
kann dem Zwange nicht entweichen.

Auf der Alm gibt's doch a Sünd'!

Seit Mai ist Sepp mit dem Vieh der Dorfbauern auf der Bergwiese.

Es ist bereits Anfang September und in Kürze Zeit für den Almabtrieb.

Die Idylle half über die Einsamkeit.

Bald erhält er Lohn, zuvor wollte er es anständig krachen lassen.

Er bestellte im Tal eine Brotzeit für zwei, welche ihm eine fesche junge Dirn vom Gasthof bringen sollte.

Es schmeckte ausgezeichnet und nach der zweiten Flasche Rotwein wurde die Gerti zu ihm zutraulich.

Dann ging es zur Sache …

Beim letzten Kleidungsstück gestand sie ihm:

„Seppi, ich heiße eigentlich Gert".

Sepp rannte darauf davon, so schnell ihn seine Beine trugen.

Außer Kontrolle

Wie gern tät ich jetzt grillen,
ein Rindersteak, entfettet,
in Pommes eingebettet,
dein Blick zeigt Widerwillen.

Iss du doch deine Körner,
willst Modelmaß erstreben,
zwing mich nicht so zu leben,
du meinst, du wärst der Burner.

Ich hasse Essenszwänge,
vegan, schon früh am Morgen,
mach echt mir langsam Sorgen,
bevorzuge drei Gänge.

Wir lernten uns doch kennen,
da wog ich hundert Kilo,
mein Bauch, ein Essenssilo,
nahm ab, durch strammes Rennen.

Was willst du mehr erreichen,
bist nur noch Haut und Knochen,
die Liebe, lang zerbrochen,
sie musst dem Irrsinn weichen.

Seminar

Wie sich die Herbstzeit zeigen mag,
im Sonnenkleid, im Regendunst,
genieß den Anblick Tag für Tag,
sie wirbt in Bunt um meine Gunst.

Ins Land hinein mein Blick entschweift,
entschleunigt ist die Welt um mich,
wenn Ruhe Einzug hält und reift,
ist Geist und Seele einheitlich.

Das Jahr hofiert die Reize dar,
sie zu entdecken fällt nicht schwer,
Natur versteh'n, als Seminar,
sie preist sich jährlich, ringsumher.

Bleibendes Lächeln

Warum macht mich dein Augenaufschlag trunken?
Es ist der Augenblick, der mich betört.
Bezirzst mit ihm, entsendest heiße Funken,
hast mein Verlangen unbewusst erhört.

Im Rausch sind wir vereint dahingesunken,
doch du erschrakst, mein Drang hat dich empört.
Aus tiefer Seele hat die Angst gewunken,
sie hat die zarten Bande fast zerstört.

War mein Begehren fleischlicher Genuss
und Triebmittel der allererste Kuss?
Latente Schuldgefühle, die mich plagen.

Nach lang gereifter Zeit woll'n wir es wagen,
es braucht viel Mut, mir *Ja* heut Nacht zu sagen.
Ein Lächeln bleibt zurück, nach süßem Schluss.

Ein Gedicht

Eine Welt, ganz ohne Grenzen,
ohne Kriege, frei von Hass.
Nirgendwo ein Pulverfass,
ausgeräumt die Differenzen,
Terror schweigt nach Aderlass.

Hoffnungsvoll sind diese Träume,
Trümmer birgt das Märchenhaus.
Blut und Leid schwemmt Tränen aus,
eingeengt die Lebensräume,
Banden schwören den Garaus.

Sie missbrauchen ihren Glauben,
nutzen Angst für ihre Macht.
Schmachvoll und perfid die Schlacht,
töten, brandschatzen und rauben,
ist die Menschheit aufgewacht?

Völker aller Nationen,
gebt dem Frieden ein Gesicht.
Es wär wahrlich ein Gedicht,
Kappung aller Rüstmillionen,
Kriegsverbrecher vor's Gericht.

Bedrohliche Reise

Ein Schiff läuft aus zu fernen Landen,
versinkt im Nebelschwadendunst,
wenn auf dem Meer die Wellen branden,
erweist sich echte Segelkunst.
Es heißt, von Lieben Abschied nehmen,
auf lange, unbestimmte Zeit,
die Leinentücher Wind ersehnen,
das unsichtbare Ziel liegt weit.
Kein Hurrikan kann es versenken,
umschifft jed' Sturmgebiet galant,
der Steuermann kann gottlob lenken,
ab Stärke acht wird es brisant.
Poseidon, er lässt Gnade walten,
sein Wellenheer erweist sich zahm,
Schönwetterfront konnt' sich entfalten,
die der Besatzung Ängste nahm.

Weckruf

Hör zu, ich versuche dich heut aufzuwecken,
wer sonst, wenn nicht ich, kann dir Wahrheiten sagen.
Die Worte sind hart, wirst dich davor erschrecken,
mir ist es sehr ernst, doch du musst es ertragen:
Die Freundschaft begann schon vor ewigen Jahren,
auf Wegen erreichten wir Höhen und Tiefen.
Im Reifeprozess haben wir uns erfahren
und sahen, wohin unsre Wege verliefen.
Interessenlos gingst du bisher durch dein Leben,
für dich zählten Mode und Konsum als Status.
Begannst damit zeitig, Intrigen zu weben
und kamst sehr schnell mit den Finanzen ins Minus.
Du musstest das Geld, nicht wie ich, mühsam sparen,
belastet durch Zeitmangel in der Erziehung,
beglichen die Eltern die Schulden von Jahren,
zur Redlichkeit fehlte dir jede Beziehung.
Dein Selbstwertgefühl steigt durch Mangel zutage,
verschleierst gekonnt deine Ängste und Schwächen.
Gib Antwort und stelle dich heut dieser Frage,
ich will mich an deinem Verhalten nicht rächen,
doch find ich, du wirst mit der Zeit immer dreister.
Was willst du mit deinen Attacken erreichen?
Durch Streit suchst du dir deinen eigenen Meister,
wobei schlimme Schimpfwörter maßlos entweichen.
Gewiss spielst du lang schon mit loderndem Feuer,
doch wer damit spielt, wird in diesem verbrennen.
Im Freundeskreis zählst du als Schreckungeheuer,
kein Wunder, wie viel sich im Zank von dir trennen.

Dein eig'nes Bewusstsein lässt dich nicht weit denken,
schmierst zu, durch Borniertheit, die Defizitlücken,
verspürst keine Liebe, kannst sie auch nicht schenken,

stehst ständig im Mittelpunkt, um zu entzücken.
Lern Anstand und damit ein bess'res Benehmen,
erwerbe Vertrauen, du brauchst es im Leben,
um Liebe und Freundschaft musst du dich bequemen,
in Arbeit an dir, wird sich vieles ergeben.
Willst du dich jetzt ändern, dann gib mir Beweise,
erkenne die Lage, begreife dein Dasein,
nur jener ist für uns sehr klug und auch weise,
bei dem übereinstimmt, das Ist mit dem Sein.
Die Freundschaft, die damals begann, schon vor Jahren,
die woll'n wir vertrauensvoll weiter vertiefen,
im Wettstreit mit Wissen die Reife erfahren
und einstigen Zank als Erfahrung verbriefen.
Ich geb' dir die Chance, diesen Weckruf zu hören,
versteh meine Worte, ich meine es ehrlich,
du liegst mir am Herzen, das kann ich dir schwören,
noch steh' ich zu dir, du bist mir unentbehrlich.

Fang an, es wird Zeit!

Lange nicht mehr so gelacht

Es wurde bereits an den Nachbartischen aufgestuhlt, die Kneipenuhr schlug ein Uhr und die Wirtin kam zum Abkassieren.

Mein bester Saufkumpan verabschiedete sich und schlug den entgegengesetzten Weg ein.

Leicht schwankend und frohgelaunt trat ich den Heimweg an,

schon im Voraus die Nachtdiskussionen meiner Frau im Ohr.

Was sollt's, die Gelage gehören seit Jahren zu meinem Ritual,

auch wenn ich täglich zu hören bekam, dass ich von ihr vor die Tür gesetzt würde.

Vor der Garage standen zwei Koffer und auf der Treppe zur geschlossenen Haustür saß schluchzend meine Frau.

Ich musste lachen.

Der Schlüssel steckte von innen im Türschloss!

Bangen und Hoffen

Seelenverzehrendes Sehnen,
dehnen und barmen,
lehnen, in deinen Armen,
den warmen.
Sende SOS an dich,
wärmen möcht ich mich,
nicht nur schwärmen.
Giere nach dir, frier,
wünsch, dass ich dich nicht verlier.
Komm mir entgegen,
Hoffnungsgefühle schwinden zuletzt.
Tränenbenetzt, vertrauensverletzt,
lass dich davon bewegen, erregen.
Mich allein sollst du lieben,
küss mich ein vorletztes Mal.
Was ist mir geblieben?
Still mein Verlangen,
Bangen bedeutet ewige Qual.
Loderndes Feuer wirst du empfangen,
Zweifel nimmt der Wind.
Blind war ich und süchtig,
tüchtig eingeheizt hast du mir,
so, dass ich nimmermehr frier,
alles in mir frohlockt,
hast im Hafen angedockt.

Eisschmelze

Fast unnahbar schien ihre Aura zu sein,
fixierte mein Dasein mit stechendem Blick.
Sie schrumpfte mein Ego im Vorfeld schon klein,
war ich ihr zu hässlich, war ich ihr zu dick?

Ich schrieb ihr ein Lied, dass sie Sehnsucht verspürt,
im Nachhinein glaubte ich, Moll war zu viel.
Sie hörte die Melodie, blieb ungerührt,
trieb sie mit mir einzig ein psychisches Spiel?

Ich schenkte ihr Rosen, sie lächelte mild,
von jeher war dies erster Schritt hin zum Glück.
Die Maskenverkleidung, ein irrendes Bild,
wir kamen uns näher, vorerst nur ein Stück.

Dunkelspuk

Die Nacht hat nicht nur ein Gesicht,
facettenreich ihr Widerschein,
Gespenstertanz im Schattenlicht,
bewusstes Sein, lässt mich allein.

Es ist die Angst, die Fesseln strickt,
Erscheinungsbilder irreal,
die Psyche Traumphantome schickt,
verbreiten Schmerz und Höllenqual.

Würd gern mit Federn mich bedecken,
dem Dunkelspuk dadurch entfliehn,
mich unter ihnen wohlig recken,
getarnt durch sie, von dannen ziehn.

Wenn Morgenlicht mein Antlitz trifft,
Collagenbilder nicht tabu,
dann werden sie geschickt umschifft,
Verfolgungsjagd lass ich nicht zu.

Wunschgerecht

„Sie wünschen bitte? "
„Ein Steak, direkt aus Fleisches Mitte.
Ich hätt' es weder groß noch klein,
jedoch nicht durch, recht zart und fein,
es darf ein Lendenstückchen sein.
Dazu ein kühles Bier."
Sie lächelte zum Schein,
„Moment, ich bin gleich wieder hier.
War's das gewesen?",
verschwand dann hinterm Tresen.

Die Zubereitung lief recht lang,
mir wurd' inzwischen angst und bang,
sie hätte meine Wünsche wohl vergessen.
Doch dann, sehr spät, da kam mein Essen.
Es schmeckte gut, kein Tropfen Blut,
genau wie ich es hatt' bestellt.
Zufrieden war ich, absolut.
Der Kneipenhund hat seither nicht gebellt.

Treue Seelen

Erwartungsfroh macht Hündchen Platz vor mir,
die Rutenschlagzahl läuft auf Hochfrequenz,
ihr Futter, portioniert auf Abstinenz,
ich liebe mein verwöhntes treues Tier.

Vertraut mir blindlings und bewacht das Haus,
geh ich mal weg, springt sie aufs Bett und pennt,
hört sie mich kommen, seh' ich, wie sie rennt,
ihr Jaulen sagt mir: Ich muss dringend raus.

Der sorgsam auserwählte Rüde springt,
denn unser Stammbaum schreibt uns Reinheit vor,
das Jungfräulein die Unschuld heut verlor,
wir hoffen, dass der Welpenwurf gelingt.

Auf mein geliebtes Wesen ist Verlass,
bekomm es tausendfach von ihr zurück,
genießen nach der Tragezeit das Glück,
am Nachwuchs sieht man, Vater war ein Ass.

Die Welpen sind versorgt und das recht gut,
ihr neues Heim wird hundefreundlich sein,
Geschwister sind getrennt, doch nicht allein,
zum Start ins Leben verlässt sie nicht der Mut.

Herzlich Willkommen

Meine Schwiegermutter hatte sich, wie so oft, selbst am Sonntag zum Kaffee eingeladen.
Das sollte aufhören!
Meine Frau freute sich natürlich und hat schon tags zuvor ihren Lieblingskuchen gebacken.
Mehl, Zucker, Butter, Milch, Backpulver, Pudding, Kirschen und später frische Schlagsahne.
Ein fingierter Anruf meines Freundes ließ mich von dem lästigen Besuch entschuldigen.
Ich war dann mal weg.
Mit einem unschuldigen Lächeln kreuzte ich abends daheim wieder auf,
wo mich mein Schatz wütend empfing.
So aufgebracht hatte ich sie schon lange nicht erlebt.
Meine *süße Überraschung* war gelungen!
Ich hatte vor dem Backen die Inhalte der Dosen Salz und Zucker ausgetauscht.

Ausgelaufen

An der Kreuzung Ampelrot,
Totalverbot, sie zu befahren.
Verfahren hatte ich mich,
pfiff auf die Gefahren,
war in Eile,
Langeweile weit in Sicht.
Befand mich in der größten Not,
es drückte meine Blase,
ein Hase bin ich nicht,
so schnell ist man nicht tot.
Gericht und Strafe wird es geben,
erleben, alles wie im Traum.
Der Sündenaufbewahrungsraum
hält das im Zaum,
ich nehm' es als gegeben.
Viel schlimmer,
meine Hose, sie war nass,
hatt' nimmer einen Schimmer,
dass es läuft, wie ein kaputtes Fass.
Ungebremst mein Wasserstau,
flau war mir im Magen.
Klagen wollte ich vermeiden,
trotz der Leiden,
musst ich rundum Spott ertragen.

Freie Wahl

Rußgeschwärzt geht er auf Seelenfang,
stundenlang sein Beutezug.
Beelzebub sucht Lug und Trug,
grausam düngt sein Höllenflug.
Dort zu schmoren, ist des Sünders Gang.

Engel schweben hoch am Himmelszelt,
mit der Harfe locken sie.
Seelen lieben Harmonie,
folgen dieser Melodie,
Liebe ist es, die die Welt erhellt.

Lebenswandel prägt den letzten Weg,
er bestimmt das Ankunftsziel.
Viel zu viel steht auf dem Spiel,
darum kein Verhandlungsdeal,
Hölle oder Himmelsprivileg.

Einsam

Allein,
ich wandle zwischen Traum und Sein,
geschrumpftes Ego, schwach und klein,
zum Schein zeig ich kein Schwächeln.
Gesprengt,
all Fesseln, die stets eingeengt,
umsonst hab ich mich angestrengt,
verbarg den Schmerz durch Lächeln.
Entflohn,
der güldnen Käfigillussion,
mein Fall war tief vom Herrscherthron,
die Königskron vermiss ich.
Verbannt,
die Heuchelei,
den Dauercharme als Müll verbrannt,
entmannt fühl ich mich, müde.
Vertraut
hab ich, ein Liebeshaus erbaut
und Emotionen angestaut.
Gebraut in langer Zeit - das Aus.

Geballte La-Dung

Ein Hinterwäldlerbäuerlein,
seit Jahren lebt er schon allein,
ihm redet somit keiner drein,
er meint, das müsse wohl so sein.

Spätabends treibt er Kühe ein,
nimmt sie im Stall in Augenschein,
muss sich nicht bücken, er ist klein,
sein leichtes Torkeln kommt vom Wein.

Doch plötzlich fies und recht gemein,
trifft ihn mit ihrem Hinterbein
ein Vieh, als wär's mit einem Stein.

Verliert kurz das bewusste Sein,
der Dung am Körper sorgt für Pein.
Vom Pech weiß der Gesangsverein,
ein Lachen zog durchs Städtelein.

Freiheit im Käfig

Wir waren zu jung zu erkennen,
was Leben in Liebe vermag,
im Eifersuchtsschmähen erlag
das Glück, es war Zeit uns zu trennen.

Vertrauen zerbrach bei uns beiden,
begrub unter sich jede Chance,
Vernunft geriet aus der Balance,
der Weg ging bergab voller Leiden.

In Freiheit ist Liebe geboren,
sie stirbt, wenn sie diese verliert,
zu spät hatten wir akzeptiert:
Durch Festhalten geht sie verloren.

Nach Jahren der Reife im Leben,
gab Freiheit für uns tiefen Sinn,
es war ein ganz neuer Beginn:
Erkenntnis vom Nehmen und Geben.

In flagranti

Welch zermarternder Tag!
Seitdem unser neuer Hausnachbar den Kontakt zu uns
intensivierte, meine Frau ihn augenscheinlich anhimmel-
te, läuteten bei mir die Alarmglocken.
So auch heute, nachdem sich der Schönling hilfsbereit
anbot,
an seinem freien Tag die Therme im Bad zu reparieren.
Ich nahm mir zwei Stunden frei, um die beiden in flag-
ranti zu überraschen. Die Bilder in meinem Kopf gli-
chen einem Tornado.
Ich schlich wie ein Dieb in unser Haus, vorbei an der
leeren Küche,
rechts die Schlafzimmertür ...
Ein rhythmisches Knarren, welches ich gut kannte,
drang heraus. Schweine!
Ich riss die Tür auf.
Unser vierjähriger Sohn missbrauchte das Bett als
Trampolin!

Entstaubter Fund

Die alten Bilder, fast entronnen,
die einst für mich so wichtig schienen,
betrachte sie erneut versonnen,
sie können Freud, auch Leid bedienen.
Sie schienen glücklich und zufrieden,
die Menschen, welche Halt mir gaben,
zu früh sind sie dahingeschieden,
sie lächelten, bevor sie starben.
Die Zeit verrann, in der sie lebten,
gar vieles wurde neu erschaffen,
das Nachkriegsglück, was sie erstrebten,
gelang, denn seither schwiegen Waffen.
Heut ziert ein Rahmen ihr Vermächtnis,
ich halt ihr Andenken in Ehren,
sie nie vergessen, ein Bedürfnis,
möcht Rückblickfotos nicht entbehren.

Aussichten

Im Alter kann ich auf die Rente zählen,
versprach mir viel, ein Leben ohne Not,
es reicht jetzt grad für Miete und für Brot,
wen soll ich ohne Skrupel heut noch wählen?

Die Reichen werden täglich immer reicher,
noch nie wurd einer groß, allein vom Lohn,
die Rente sei uns sicher, war ein Hohn,
soziale Netze, täglich immer weicher.

Verteilt den großen Reichtum doch gerechter,
die Aussicht für die Kinder wär dann toll,
die Wahlversprechen künftig fair und echter,
sonst bleiben weiter Lügen, mit viel Groll.

Gereift

Warum nur,
bin ich und du eselsgleich stur?
Wir meinen es echt,
ein jeder hat recht,
doch keiner gibt nach,
stets schnell, nie gemach.
Verleumdung im Streit,
verlorene Zeit,
die Seele verletzt,
von Sturheit besetzt.
Die Disharmonie,
sie frisst Energie,
im Grund sind wir gleich,
der Kern eher weich.
Tagtäglich erleben,
das innere Beben,
es führt nicht zum Ziel,
für Psyche ein krankhaft-vernichtendes Spiel.

Viel später vielleicht,
wenn uns es selbst reicht,
wir älter, doch klüger dann sind.
Nicht mehr wie ein Kind,
Vernunft endlich greift,
dann sind wir tief in uns gereift.

Donnerwetter

Aus dem Nichts Gewitterwolken,
noch vor kurzem Sonnenschein,
nach Erguss sind sie gemolken,
teilen sich und werden klein.
In der Ferne, neu im Anzug,
dunkle Front, sie ist bereit,
braucht nur einen Atemzug,
stürzt herab voll Grausamkeit.
Blitze, Donner, Hagelschauer,
kein Pardon für die Natur,
Unheil wacht, liegt auf der Lauer,
launenhaft ist es und stur.
Wie von Geisterhand geschoben,
lichtet sich das Himmelszelt,
Sonnenstrahlen von da oben,
aus dem Nass erblüht die Welt.

Handle

Immer jagen, immer hasten,
nie zur Ruhe kommen, rasten.
Existenzangst macht nicht frei,
krank - dem Stress ist's einerlei.
Wenige, die profitieren,
die gewinnen, nie verlieren,
wie die Made in dem Speck,
Kleingeld ist für sie nur Dreck.
Muss man mit dem Strome schwimmen,
statt den Docht der Brunst zu dimmen?
Was nützt dir im Grab das Geld,
wenn der Tod bestellt dein Feld?
Es ist Zeit im Jetzt zu handeln,
anstatt blindlings weiterwandeln.
Schau, es gibt viel zu entdecken,
bleib nicht steh'n in Dornenhecken.

Ups!

Überall hatte die sechsjährige Sophie ihre Finger drin, öffnete Schranktüren, holte Dinge heraus und spielte mit ihnen.

Mama und Papa schimpften, es half nichts. Sie musste ihre Neugierde stillen, wenn beide gerade nicht anwesend waren.

Dass sie in Büchern mit Buntstiften herummalte, oder der Katze das Futter wegaß, war ja nicht lebensgefährlich.

Zornig wurden die Eltern aber, als sie zwei Eier auf dem Teller mit dem Pürierstab schaumig schlagen wollte und Mama die Küche grundreinigen musste.

Nicht mehr rückgängig gemacht werden konnte allerdings,

als Sophie von dem Luftballon in Papas Nachttisch die Spitze abschnitt.

Nach neun Monaten kam ein Brüderchen!

Irrtum

Ein Igel sprach zu seiner Frau:
„Dass du mich liebst, weiß ich genau."
Er selber ist ihr niemals treu,
da trennt sich Weizen von der Spreu.
Kaum ist der Playboy außer Sicht,
er schamlos sein Versprechen bricht,
kriecht hier mal, da mal, dort hinauf,
die Igelweibchen warten drauf.
Doch einmal hat er sich vertan,
kam bei der Gattin nicht gut an.
Ein Borstenvieh, das wollt er rammeln,
tat Liebessprüche zu ihm stammeln.
Die Antwort blieb das Ding ihm schuldig,
sein Frauchen wartete geduldig.
Er wusste nicht, dass sie es sieht,
sie freute sich, was da geschieht.
Ihr Mann stieg auf 'ne Bürste drauf,
das Unglück nahm so seinen Lauf.
Es war die Bürste für ein Klo,
sie rollt doch immer, sowieso.
Ergebnis war ein Hexenschuss,
lag rücklings da, voll Wutverdruss.

Begehrlichkeiten

Von Herbstes Nebel dicht umwoben,
in letzten Abschiedswehen
ist Atemhauch zu sehen,
der Reif und Frost will sich erproben.

Die kalte Zeit hat sich verschoben,
zu schnell die Zeiger drehen,
die Wärme ist im Gehen,
derweil die Stürme längst schon toben.

Im Liebreiz aller Jahreszeiten,
wenn Blicke über Neues gleiten,
ist Neues zu entdecken.

In Vielfalt liegen Möglichkeiten,
die sich weithin erstrecken,
Begehrlichkeiten wecken.

Zweifel

Die Brise der Nacht, sie summt leis mir ein Lied,
es dringt in mich ein und erregt mich.
Weckt tiefes Verlangen, das ich bisher mied,
es quält, zugleich macht es mich glücklich.

Ich sehn' dich zu mir, stell mir vor, du wärst hier,
doch Wünsche sind Traumillusionen.
Die bohrende Angst, dass ich dich mal verlier,
sind Zweifel, die tief in mir wohnen.

Schon schwinden die Sterne, der Morgen erwacht,
ein Erstsonnenstrahl bricht das Dunkel.
Verspüre die Liebe, verspür ihre Macht,
dein Antlitz gleicht einem Karfunkel.

Ich rufe dich an, doch erreiche dich nicht,
wirst du, wie ich, nach dem Glück suchen?
Stehst plötzlich vor mir, im ergleißenden Licht,
Gott Amor tat diesen Tag buchen.

Schrecksekunde

Auf dem Rücken seines Pferdes,
hoch die Sonne im Zenit,
ohne Nahrung, ohne Wasser,
führt den eignen Steckbrief mit.

Das Gesicht vernarbt und staubig,
in den Weiten der Prärie,
wird gejagt von einer Meute,
er stahl ihnen Gold und Vieh.

Dieser Cowboy scheint gerissen,
Fährtenspuren löscht er aus,
führt den Gaul durch Felsenspalten,
ist Verfolgern weit voraus.

Die Winchester, fest im Anschlag,
durch Indianerland sein Ziel,
wird ein Pfeil zum letzten Lebtag,
ist der Ritt für ihn kein Spiel.

Bringt in Position die Waffe,
denn sein Skalp ist ihm zu lieb,
auf den Fersen ist der Sheriff,
wehrt er sich, ist er ein Sieb.

Will sich grad den Männern stellen,
hinter mir ein lauter Knall,
Fernsehschreck in der Sekunde,
berstend flog durchs Glas ein Ball.

Wasserplätschern

Das nasse Element ist auf dem Weg,
im Zickzack plätschernd, hin zum Ziel,
begradigt wird es zum Beweisbeleg,
dass Dummheit ihm zum Opfer fiel.
Beraubt der Selbstentscheidung wird ein Fluss,
zum fremdbestimmten, nicht gewolltem Muss.

Der Strom wälzt über dunklen Grund sich hin,
bis ihn das Mündungsdelta hemmt,
der Lasten lästig, die er trägt mithin,
wird Sand und Schlick dort aufgeschwemmt.
Vom Eingeengtsein endlich nun befreit,
macht er entspannt sich in Gewässern breit.

Auch unser Lebensquell hat freien Lauf.
Fügt man bewusst Schikanen ein,
kommt schweres Leid und Ungemach zuhauf,
gestellt wird so dem Sein ein Bein.
Es kommt zur Seelenkorrekturenqual,
Naturgesetze ändern ist fatal.

Die Neue

Mit nachdenklich ernster Miene eröffnete er ihr am Frühstückstisch,
dass er sich mit einer Anderen angefreundet hätte.
Es war wie ein Faustschlag ins Gesicht.
Die Begründung seines Entschlusses lautete, seit langem schon wäre es täglich eine Zumutung, was er da am Tisch von ihr Geschmackloses vorgesetzt bekäme.
Sie brach in Tränen aus, war sich keiner Schuld bewusst, flüchtete vorerst ins Wohnzimmer, um diese herbe Enttäuschung in den Griff zu bekommen.
Zurückgekehrt, warf sie ihrem Noch-Ehemann den Trauring an den Kopf. Er schaute ihr nur verständnislos in die tränenreichen Augen.
„Ich möchte doch für uns beide eine neue Kaffeemaschine kaufen!"

Und wieder grüßt das Murmeltier

Ein Ouzo früh auf leeren Magen,
hilft schnell zu mindern meine Plagen.
An manchen Tagen,
wenn meine Beine mich nicht tragen,
hör ich die Leute sagen:
Der soll nicht wagen,
erneut sein Schicksal zu beklagen,
sonst geht es ihm gehörig an den Kragen.
Wie sollt ich meinen Kater sonst verjagen?
Trink abends drei der Ouzolagen,
doch Schmerz begann erneut zu nagen.
Schon früh muss ich auf leeren Magen,
zwei Ouzo kippen, sonst noch Fragen?

Letztes Wort

Der Tod ist Teil vom Lauf der Zeit,
vor ihm kommt sie zum Stehen,
vergeblich jedes Flehen,
nach irdischer Unendlichkeit.

Der Herzschlag driftet aus der Spur,
zeigt rhythmisch Taktverluste,
verändert das Bewusste,
Beginn der Alterungstortour.

Kein Botox und kein Ginseng-Trank,
hilft den Verfall zu stoppen,
wenn Spiegelbilder foppen,
läuft leer, der einst so volle Tank.

Ein frommer Wunsch, als Illusion,
dem Tod ein Schnippchen schlagen,
er hat das letzte Sagen,
gewinnt den Abschlussmarathon.

Nachtszenarien

Kaum im Kontext zu beschreiben,
solch ein wüster irrer Traum,
Schaum, aus dem Tentakel treiben,
Horrorbilder, außer Zaum.

Greifen an, den Kopf, die Glieder,
Lieder tönen schmerzhaft schrill,
still, ein Schatten senkt sich nieder,
wilde Schreie, wie beim Drill.

Aus vergilbten Schwefelschwaden,
laden Nixen kichernd ein,
Wein zu trinken, darin baden,
Madenflut, im Fackelschein.

Ekelhaft tropft Schleim hernieder,
beim Dinieren wird mir schlecht,
plötzlich tönen Totenlieder,
Teufelszeug, es wirkt so echt.

Schizophren, gar realistisch,
mystisch oder irreal?
Qual im Albtraum, nicht atypisch,
lyrisch geht das allemal.

Freunde

Kam anfangs unscheinbar, fast scheu mir vor,
bescheiden, ruhig schien sein Wesen,
was sicher schien, das war gewesen,
ein Fehlentscheid, dass er den Job verlor.
Tat kompetent stets im Beruf,
nie hört' ich einen Hilferuf.

Zurückgezogen, ganz für sich allein,
sah hoffnungslos er in die Zukunft,
sein lächelndes Gesicht trug er zum Schein,
in schwerer Zeit Vertrauen schrumpft.
Es half kein Trost, kein guter Rat,
ein flammend' Herz schritt schnell zur Tat.

Es war die Liebe auf den ersten Blick,
sie zogen an, sich wie Magneten,
seitdem lenkt quirlig sie das Paargeschick,
ein *Nein* hat sie sich streng verbeten.
Er schöpfte Mut, griff ihre Hand,
ihm blieb nur *Ja* zum Ehestand.

Es gibt nichts Schöneres, als dieses Glück,
hab mit ihm Freude tief empfunden,
flog anfangs fort, doch kam es prompt zurück,
die Seelen konnten schnell gesunden.
Sie jauchzen voller Harmonie,
im Liebeszauber der Magie.

Verheerende Folgen

Es riecht nach Mord, nach grausigem Verbrechen,
geplant für eine mondscheinlose Nacht,
kein Laut am Waldesrand, kein Widersprechen,
sein Freund schied hin, ist nicht mehr aufgewacht.

Liegt blutend da, mit aufgeschlitzter Kehle,
für den Betrogenen ein Sühneakt,
ließ es nicht zu, dass er die Frau ihm stehle,
der Hals pulsiert den Lebenssaft im Takt.

Aus aufgeriss'ner Wolkendecke leuchtet
das Mondlicht, nur für einen Augenblick,
des Mörders Hände sind vom Blut befeuchtet,
er schwankt zum Abgrund, ihm bleibt nur der Strick.

Wirft wie ein Lasso flink das Seil nach oben,
es baumelt suizidbereit am Ast,
beim letzten Zucken Todeskämpfe toben,
hinunter in die Tiefe, fällt die Last.

Zu morsch das Holz, es brach in Einzelstücke,
sein Körper barst in einer Felsenschlucht,
man fand ihn nie, es fehlten Fußabdrücke,
der Beelzebub hat ihn rasch heimgesucht.

Höllenangst

Dunkel und mystisch erschien mir der Wald, in welchem ich mich verlaufen hatte.

Kein Laut irgendeines fernen Straßengeräusches drang an mein Ohr, lediglich das Rascheln aus Gebüschen, links oder rechts meines Irrweges.

Langsam ging auch letztes Tageslicht zur Neige.

Die Hoffnung schwand, noch einen Weg aus dieser Misere zu finden.

Ein Grunzen aus dem Unterholz ließ mich unvermittelt auf den nächsten erreichbaren Baum klettern.

Wildschweine!

Letzte Hoffnung, mein Handy.

Ein Funkloch!

In meiner Verzweiflung schaltete ich laute Rockmusik ein.

Das Borstenvieh stoppte die Attacke, legte den Rückwärtsgang ein und stob von dannen.

Von oben schallte es herunter:

Highway To Hell.

Friedenstauben

Der Herbststurm bläst mit Pustebacken,
so malen Kinder sein Gesicht,
sie wissen meist noch nicht,
wer Schuld trägt an Naturattacken.
Er Zweige, Äste, Bäume bricht,
in voller Agressionsabsicht,
das Klima hockt wie Blei im Nacken.

Manch Kinder malen Friedenstauben,
schneeweiß, auf schwarzes DIN-Papier,
sie sind der Menschheit Lieblingstier,
den Träumern darf man es nicht rauben.
Jahrhundertalt ist dies Pläsier
und grenzenlos ihr Flugrevier,
den Kindern lässt man diesen Glauben.

Herzzerreißend

Ein Strandgut, eine Flaschenpost,
ich fand sie, tief im Schlick versteckt,
hab ihre Nachricht schnell entdeckt,
sie schmeckte bitter, diese Kost.
Vergilbter Zettel, blass die Schrift,
es war ein Mutterherz, was ihn beschrieb:

Komm doch zurück, ich hab dich lieb,
für mich ist Trennung Lebensgift.
Hast all' die Meere lang' befahren,
dein Vater ist seit kurzem tot,
denk an das vierte Gottgebot,
kennst du es noch nach vielen Jahren?
Vernimm mein stummes Weinen,
send' mir ein Lebenszeichen,
dass meine Ängste weichen,
befrei' mich von des Herzens Steinen.

Die Tränen nässten mein Gesicht,
das Datum hundert Jahre alt,
es fehlten Namen, Aufenthalt,
Verzweiflung aus den Zeilen spricht.
Ich kann die Mutter gut versteh'n,
wenn Kinder auf die Reise geh'n.

Goldene Zeit

Der Herbst legt seine Farbenpracht
auf Blättergrün, als buntes Kleid,
ist aus dem Tiefenschlaf erwacht
und raubt des Sommers letzten Schneid.

Im Sonnenschein, das Farbballett,
Gevatter Wind bläst auf zum Tanz,
der Boden wird zum Laubparkett,
geschröpfte Äste, die Bilanz.

Wenn Laubbäume bei Tannen steh'n,
bevor der Herbststurm sie entleert,
kann man ihr Leuchten lang noch seh'n,
bis Winterkleid ihr Bunt entehrt.

Der Spätherbst zeigt charmant sein Gold
und lädt den Gast zum Weilen ein,
das Blattwerk ist des Winters Sold,
was bleibt, ist spät gereifter Wein.

Gefährliches Gelbgefieder

Ein Enterich schwimmt aufgeblasen,
schaut nicht nach links, nur immer rechts,
der Rest um ihn rümpft schon die Nasen,
Produkt des Habitusgeschlechts.

Will rund im Wasser sich beweisen,
als bester schönster, Größusmann,
bekannt als Snob in Entenkreisen,
beschimpft das Vieh, wo er nur kann.

Dies Hohltier kann gefährlich werden,
geht stur zum Grund hin auf Distanz,
ein Vollnarzist, auf Gottes Erden,
vollführt der Welt den Ententanz.

Wird mal die Luft aus ihm entweichen,
durch einen tiefen Seitenstich,
soll seinen Schrei kein Ohr erreichen,
sein Image litt zu fürchterlich.

Stirb nicht langsam

Ein Möwenpärchen ich erspähe,
es lässt sich nieder
in meiner Nähe,
total verölt ihr Weißgefieder.

Ein Schiff lief leck
auf einem Felsenstein.
Das schwarze Gold, als Riesenfleck,
zählt als Verlust beim Reeder, nicht allein.

Wenn Tiere in dem Dreck verenden,
muss jetzt die Politik, weltweit,
das Blatt noch wenden,
dazu ist Großkonzernenlobby nicht bereit.

Sie alle ignorieren
das Unheil schon seit Jahren,
Natur ist am Verlieren,
am Klima können Menschen es erfahren.

Speziell das Öl trägt dazu bei,
lasst nicht die Fauna und die Flora sterben,
wacht auf, es ist nicht einerlei,
die Kinder werden diese Erde einmal erben!

In aller Eile

Eine Woche vor Heiligabend.
Lang schon bettelte seine Frau nach etwas Besonderem
für erotische Stunden.
Im Internet fand er Passendes:
Latexbüstenhalter, dazu ein sexy Höschen in Rot und
einen Dildo.
Auch für Oma Erna konnte er beim Einkauf ihren lang-
ersehnten Wunsch finden.
Robert wurde plötzlich emsig, die beiden Päckchen zu
packen
und in Weihnachtspapier einzuschlagen.
Eines für seine heiße Gattin, das andere ging direkt per
Post an Oma Erna.

Aus den Augen seiner Frau sprühte Feuer, als sie unter
dem Tannenbaum ihr Geschenk ertastete!
Einen länglichen abgebogenen Stab und etwas gummi-
artig Eingewickeltes:
Ein elektronischer Mückenstichheiler und ein Hämor-
rhoiden-Sitzkissen …
„R o b e r t !!"

Rollentausch

Aus den Händen rinnt das Leben,
Stück für Stück und Tag um Tag,
einst als Leihgut uns gegeben,
keiner es zu halten mag.

Werte, die durch Fleiß entstanden,
nicht im Sumpf und tiefem Schmutz,
Menschen, die das Glück so fanden,
haben sie des Herren Schutz?

Wär ich Gott, könnt ich entscheiden,
leben oder tot und wann,
tät verkürzen manches Leiden,
zög Gerechtigkeit heran.

Redlichkeit würd ich belohnen,
mit Gesundheit, langer Zeit,
dafür Schurken nicht verschonen,
Hölle bis in Ewigkeit!

Wahrheiten

Geh sorgsam um, mit deiner Zeit,
verpass nicht die Gelegenheit,
um Lebensfreude zu gewinnen.
Rasant Sekundenzeiger rinnen,
zoll jeder Stunde Dankbarkeit,
erfass das Sein, mit allen Sinnen.

Gesundheit ist das höchste Gut,
zu manchen Dingen braucht man Mut,
die unbewusst die Kräfte rauben.
Hör auf dein Herz, musst an dich glauben,
schür an in ihm, die heiße Glut,
lass Positives nicht verstauben.

Ein Lächeln ist dafür der Preis,
Zufriedenheit birgt den Beweis.
Verschwende sinnlos nicht Minuten,
das Schicksal wendet sich zum Guten,
so schließt am Ende sich der Kreis
und Glücksgefühle können booten.

Verhärmt

Ein Kind zu sein ist wunderschön,
seh'n so es auch die Alten?
Wenn nur nicht wäre das Getön,
sie sollten Ruhe halten.

Das Plärrgeschrei bei Tag und Nacht,
den Krach woll'n sie nicht hören,
wer sagt da: *Kinder an die Macht*,
wenn die doch eh nur stören?

Den Platz für Nörgler gibt es schon,
drei Meter tief vergraben,
kein Laut, auch nicht ein einz'ger Ton,
doch wer will das schon haben?

Sie selber einst ein lautes Kind,
nicht anders und nicht leiser,
die Einsamkeit, sie machte blind,
nicht unbedingt auch weiser.

Die Schuhe zieht sich der nur an,
dem Freud und Spaß entgangen,
doch schreien Enkel irgendwann,
sieht man Gesichter prangen.

Göttliche Gaben

Ich bin grad dabei, meinen Urlaub zu buchen,
Poseidon, den Meeresgott selbst aufzusuchen.
Er trieb es mit allen, es gibt viele Kinder,
dass mir die Potenz dazu fehlt, sieht ein Blinder.
Tief unten im Wasser, da schwimmen die Nymphen,
ich halt es geheim, meine Frau tät nur schimpfen.
Ein Abstecher führt mich zu Neptuns Gehege,
lang hin, zum Palast, zieren Perlen die Wege.
Von weitem schon öffnen sich vor mir die Türen,
die Nymphen sind es, die mich schnurstracks verführen.
Poseidon, ich bitte dich, mich zu erretten,
du bist doch der Meeresboss, da könnt ich wetten.
In Mythen steht zwar von euch beiden geschrieben,
ach, wär ich bloß bei meiner Liebsten geblieben.

Es war nur ein Traum, werd mich lang daran laben,
die Nymphen, sie folgen mit Traumeinlassgaben.

Rebenswertes

Wer trinkt nicht gern ein Gläschen edlen Wein,
sehr schwer, für sich den richtigen herauszufinden.
Aus der Region Rheinhessen soll er sein,
er ist, je nach Geschmack, in vieles einzubinden.

Da reifen Rieslinge zur ersten Wahl,
sie sorgen über Landesgrenzen für Furore.
Entscheidung für den Besten wird zur Qual,
das Riesenrebgebiet ist sprichwörtlich Folklore.

Den Winzern ist ihr Weißburgunder lieb,
es mundet Grauburgunder, wie auch der Silvaner.
Die Scheurebe schon lang Geschichte schrieb,
aus Kreuzung mit dem Riesling ward Rieslaner.

Selbst Müller-Thurgau ist weltweit bekannt,
auch Dornfelder im Rebsort'-Arial vertreten.
Im Gaumenabgang hoch geschmacksbrisant,
sind sie zur Weinprobe bereit und angetreten.

Gewürzwahrnehmung ist meist subjektiv,
die Säure und der Zucker prägen Oechslegrade.
Ob mild, ob trocken wirkt er intensiv,
entstellt   nach   vielen   Gläsern   die   Gesichtsfassade.

Entfesselte Wut

„Im Gleichschritt Marsch!"
Laut donnerte die Stimme des Gruppenführers über den Truppenübungsplatz.
Neunundzwanzig linke Beine hoben an und taten den ersten Schritt nach vorn, außer Herbert, er schob als erstes sein rechtes Bein vorwärts und das schmerzlich in die Hacken des Vordermannes.
Nach erneutem Stopp, Fluchen und wirrem Durcheinander, wiederholte sich die Prozedur.
„Ganze Abteilung - im Gleichschritt Marsch! Links, links, links, zwo, drei, vier, …!"
Herbert wieder zuerst rechts.
Der Kommandeur trat scheinheilig heran und versetzte ihm einen Tritt in den Allerwertesten.
Schmerzverzerrt schaute Rekrut Herbert ihn mit entfesselter Wut an.
Im gleichen Moment stand sein Entschluss fest:
Ich werde Gruppenführer!

So ist sie

Geschwollen fließt die Enz daher,
die Zungen schlürfen Ufersand,
wo will sie hin, wo kommt sie her,
ein Fluss, in wechselndem Gewand.
Mal schäumt sie geifernd auf vor Wut,
gluckst sonst als Bächlein vor sich hin,
den Auen tut ihr Wechsel gut,
die Flora zieht daraus Gewinn.

Doch wehe, wenn sie übertritt,
es helfen Sandsack nicht, noch Wehr,
der Sturm erprobt den Wellenritt,
verspricht alljährlich Wiederkehr.
Das Nass, es rast als Ungetüm
dahin, im eingeengten Bett.
Gezeitengleich und ungestüm,
prägt selbst das eig'ne Etikett.

Die Ungebärdige rinnt zahm,
wenn letzter Schmelz vom Berg versiegt.
Täuscht vor, sie wär behänd und lahm,
nur Treibgut noch im Strom sich wiegt.
Das Grünspalier, im Frühlingsduft,
winkt lockend Faunagästen zu.
Versackt die Flut in Erdes Gruft,
geht Enzgewässer sanft zur Ruh.

Weibliche Eingebung

Niemals hätt ich geglaubt,
dass mir sowas passiert,
mein Herz hast du geraubt,
von mir das Ich kassiert.

Mein Kopf ist leergefegt,
ich folg dir wie in Trance,
dein Körper mich erregt,
du lässt mir keine Chance.

Nach einer Wahnsinnsnacht,
voll Sexappeal und Lust,
hab ich schnell Schluss gemacht,
ertrank dein Bild im Frust.

Ein Blender, voller Schleim,
so nahm ich nachts dich wahr,
ging angewidert heim,
ich spürte die Gefahr.

Wundgeheilt

Sie war so schön, die Zeit,
zu schön, um wirklich wahr zu sein,
die Zweisamkeit, sie wich der Einsamkeit,
es schmerzt, so ganz allein.
Ganz ohne Gruß, kein Abschiedswort,
so hast du mich verlassen,
bist einfach fort,
noch lieb ich dich, statt dich zu hassen.

Tagtäglich hoff ich auf ein Zeichen,
hörst du nicht meinen Sehnsuchtsschrei?
Siehst Tränen nicht, die mir entweichen,
ist alles nun vorbei?
Ich schwor dir stete Treue,
hielt strikt mich an den Schwur,
du wirst mal sagen: Ich bereue,
ich folgte einer falschen Spur.

Verzeihen heißt, auch zu vergeben,
dafür braucht es viel Mut,
nach Fehlern, die man macht im Leben,
fließt wundgeheilt kein Blut.

Schlaftrunken

Lieg ganz allein im Doppelbett,
hör meinen Namen lauthals schreien,
find das im Halbschlaf gar nicht nett,
sie misst die Nähe, zu uns zweien.
Seh Flammen züngeln im Kamin,
es brennen Scheite dort im Feuer.
Liegt es am Wirkstoff Aspirin?
Die Glut, scheint nicht geheuer.
Trotz ihrer Nähe ist mir kalt,
um mich herum, kaum was zu sehen.
Mich fröstelt hier, beim Aufenthalt,
das Feuer lodert nicht, bleibt stehen.
Ich nehm es wahr, wie in Hypnose,
erkenn den Fernsehschirm im Raum.
Mach mir vor Lachen in die Hose,
der Gag gelang, man glaubt es kaum.

Sternenblicke

Allabendlich blick ich zum Sternfirmament,
seh flackernde Punkte in weiter Ferne,
die Bilder am Himmel fast jeder erkennt,
es sind Millionen hell glühender Sterne.

Atomkraft entsteht durch Spaltung der Kerne,
am Anfang ein friedliches Experiment.
Heut steckt sie in Waffen, macht reich die Konzerne,
der Ursprung des Kosmos das Friedliche trennt.

Es gibt große Pläne, geheime, interne,
galaktische Flüge sind intelligent,
auf Erden da fand ich die schönsten der Sterne,
wenn Augen von dir, zu mir leuchten dezent.

Rätsel über Rätsel

Heut steht Mähen auf der Agenda.

Zwei Wochen ist der letzte Schnitt her.

Der elektrische Rasenmäher steht im Gartenhäuschen, in welches beim letzten Regen leider auch Nässe eingedrungen war.

Egal, das Gerät raus, den Stecker in die Steckdose und los geht es.

Nein, was ist nun wieder passiert?

Der Motor läuft nicht.

Norbert befreit das Gehäuse vom Motor. Es riecht nicht verschmort, die Messer lassen sich durchdrehen.

Ob die Kohlebürsten vielleicht keinen Kontakt mehr geben?

Auch daran liegt es nicht.

In diesem Moment ruft seine Frau: „Nobi, pass auf, ich mache die Sicherung rein, die ich beim Gewitter ausgeschaltet hatte!"

Pubertär

Erotische Lippen Signale entsenden,
der Mund lechzt nach Küssen, in wachsendem Wahn,
kein Mensch sagt, ich darf dieses Blatt selbst nicht wenden,
mein Herzklopfenecho wirft mich aus der Bahn.
Moralische Hürden stehn kontra zum Willen,
genüsslich möcht ich meine Sehnsüchte stillen.

Sein Konterfei schwebt mir vor Augen, seit Tagen,
mein Magen in Aufruhr vom Schmetterlingsflug,
den Schritt auf das dünne Eis werde ich wagen,
vom Schwärmen und Kind sein hab ich jetzt genug.
Er schärft meine Sinne, soll bald mich verführen,
der Zeitpunkt ist nah, wahre Liebe zu spüren.

Geh mutig zu ihm, mit befeuchteten Lippen,
schau lächelnd aus Schlafzimmerblicken empor,
was er da erspürt sind nur Knochen und Rippen,
nach glutheißem Kuss steht die Trennung bevor.
Er wollte wohl nur meine Knospen betasten,
gekränkt tauch ich ab und entsage dem Fasten!

Selbstironie

Geschmäcker sind so grundverschieden,
das gilt auch für die Jahreszeit,
doch Kälte find ich unerträglich,
hab Winterfreuden meist gemieden.
Ab Frühjahr neu Gelegenheit,
Natur genießen, dann tagtäglich.

So bleibe ich bei kaltem Wetter
im Hause drin und schaue fern,
ganz nebenbei, das gute Essen,
merk selber, ich werd ständig fetter.
Ins Freie geh ich auch nicht gern,
zum Einkauf höchstens, nach Ermessen.

Magnetisch folg ich Sonnenstrahlen,
genieß die Wärme aus dem All,
das Abnehmen soll mich beflügeln,
den Zoll für Sünden zu bezahlen.
Versuche es auf jeden Fall,
beim Essen künftig mich zu zügeln!

Will für den Body nur noch leben,
geh dann im Winter öfter raus,
schon seh ich Frauen auf mich fliegen,
als Klops steh ich nicht mehr daneben.
Gesamte Vorsätze im Aus:
Warum? Die Depri kam beim Wiegen!

Liebenswürdigkeiten

Nicht nur alleine Rosen stechen,
will man sie brechen,
ein unbeirrbar ausdrucksvolles Zeichen,
Kakteen Schwiegermutter überreichen.

Verletzen tief, auf alle Zeiten,
kein Ausblick auf Revanchegelegenheiten,
so wächst der Zorn auf beiden Seiten,
wie schön, wenn zwei sich streiten.

Der Partner mittendrin,
hat die Beziehung einen Sinn?
Sweetharmonie gibt es so nie
und für Versöhnung fehlt die Strategie.

Wie wäre es mit Kaffee und mit Kuchen?
Man könnts versuchen,
die ganzen Wogen sich dann glätten,
davon dann alle etwas hätten.

Es wär doch nie so weit gekommen,
hätt sie den Kaktus nicht genommen!

Süße Rache

Noch heute backe ich dir einen Kuchen,
es wird mein allererster sein, für dich,
werd es auf alle Fälle mal versuchen,
mein Plan der funktioniert ganz sicherlich.

Kann ich mit Süßigkeiten dich verführen?
Allein das Denken daran macht mich wild,
beim Zutatenvermischen und Verrühren,
erscheint dein Bild vor mir, du lächelst mild.

Das Blech ins heiße Ofenloch geschoben,
bin in Gedanken an dich eingepennt,
was hilft da Schreien, Fluchen, Toben,
war klar, dass er nach Stunden mir verbrennt!

Vergällt

War alles nur gespielt, gelogen, die Hingabe, dein Treueblick?
Wie soll ich dir noch glauben,
was hat dich letztendlich bewogen, zum killenden Beziehungsknick?
Vergällt sind Liebestrauben.

Ein Sommer voller Schmetterlinge, wohin entflogen sie dem Bauch?
Es bleiben Fragezeichen.
Verbinden uns nicht Schwüre, Ringe, vereint, bis in den Tod, der Brauch?
Kann dich nicht mehr erreichen.

Die schwere Last der Alltagssorgen, der Stress, das Geld, banaler Streit.
Wer kann dies schulternd tragen?
Ein Hoffnungsfunken glimmt verborgen, er lodert auf, gibt uns die Zeit,
den Neubeginn zu wagen.

Geschenk des Himmels

Die Nacht war klar, Sterne funkelten.

Der Mond breitete sein romantisches Licht über die beiden eng umschlungenen Liebenden, welche sich innig küssten.

In solch Minuten wallt das Blut, die Sinne sind vernebelt und Sprüche wie: *Ich hol dir die Sterne vom Himmel*, sprudeln wie von selbst über die Lippen.

Stille.

Nur ganz leis vernehmbar über ihnen, das sich entfernende Geräusch eines Flugzeuges.

Jetzt müsste eine Sternschnuppe vom Himmel fallen, war der Wunsch beider.

Im selben Augenblick schlug neben ihnen etwas ein, was wie ein Diamant blitzte und eiskalt war.

Ein Geschenk des Himmels?

Es entpuppte sich als Urinklumpen vom Flugzeug!

Hin- und hergerissen

Wie sehn ich mich nach kaltem Schnee,
die Sonne brennt am Meeresstrand,
trink Eiskaffee, statt Tee,
im fernen Griechenland.

Ein Kälteschock tät mir jetzt gut,
doch selbst das Wasser, viel zu warm,
ich brutzle in der Höllenglut,
taug krebsrot nicht als Frauenschwarm.

Wünsch im Moment den Winter bei,
doch frieren möcht ich auch nicht,
ein Grog, als richtige Arznei,
stattdessen wird hier Bier zur Pflicht.

Ich find im Sommer Winter schön,
im Winter Sommerfeeling pur,
das ist total verrückt, obszön,
möcht Gott sein, über die Natur.

Stummes Flehen

Auf einstigen Wegen geh ich in Gedanken,
allein jetzt an duftenden Wiesen entlang,
es war heiße Liebe, die wild uns durchdrang,
im Hoch der Gefühle wir beide versanken.

Doch Wankelmut schloss für dich Türen und
Schranken,
bist weit von mir, stumm, aller Vögel Gesang.
Die Zeit ohne dich, seitdem ohne Belang,
Tentakel der Sinne vor Wehmut erkranken.

Auf Händen wollt ich dich ein Leben lang tragen,
verließest mich feig, ohne Antwort auf Fragen,
mein inneres Ich fleht, komm zu mir zurück.

Siehst du nicht den Kummer, hörst du nicht mein
Klagen?
Verbleibende Träume, Visionen vom Glück,
wie Sandburgen bröckeln sie hin, Stück für Stück.

Erleuchtung

Ein Meer von tausenden Gefühlen,
sie alle habe ich durchlebt,
wie hat die Seele oft gebebt,
ein Hoch und Tief auf Wechselstühlen.

Die dunklen Seiten sind vergessen,
auf Abruf steht ein Film parat,
er zeugt vom Hochseilkunstspagat,
vom Liebesrausch, den ich besessen.

Gefühlt sprang ich von Meeresklippen,
erklomm das höchste Glück der Welt,
beim Sternenschein vom Himmelszelt,
durft ich am Kelch der Weisheit nippen.

Die Zeit gebärt das reife Leben,
bei manchem früh, bei vielen spät,
das Herz ist es, das dir meist rät:
Wer liebt, kann Liebe weitergeben.

Scherbenhaufen

Warum nur hast du mich betrogen,
Vertrauen abgrundtief verletzt,
auf Fragen unverschämt gelogen,
mir einen Stich ins Herz versetzt.
Du schwärmtest mir ein Paradies vor
und sprachst vom Allzeitliebesglück.
Was war ich blind, ein Narr, ein Volltor,
ein inszeniertes Bühnenstück.
Ein Haufen Scherben sind geblieben,
nicht eine davon heb ich auf,
war dir mit Haut und Haar verschrieben,
nahm manchen Ausrutscher in Kauf.
Verdrücke Tränen der Enttäuschung,
verdamm den Irrweg und mach kehrt,
vorbei, die Zeit der Diffamierung,
der Spiegel meint, ich wär begehrt.
Du warst nicht wert, geliebt zu werden,
für dich war ich doch Spielball nur,
spür tief, es gibt noch Glück auf Erden,
es winkt mir zu, nach der Tortur.

Spatzenphänomen

Wie sie zanken, lauthals streiten,
blanke Gier, nicht Hungersnot,
fliegen ein, von allen Seiten,
stürzen sich auf Krümelbrot.

Rücksichtsloses Fressverhalten,
hierbei zeigt sich die Natur,
jener siegt, wo Kräfte walten,
da kommt Rücksicht aus der Spur.

Nicht ein Krumen bleibt den Schwachen,
dieses Phänomen ist krank,
wer zuerst kommt, hat das Lachen,
dabei liegen Nerven blank.

Würden alle, alles teilen,
gäb es Frieden, keinen Streit,
keiner bräuchte sich beeilen,
dieser Weg scheint endlos weit.

Das Großmaul

„Am Wochenende möchte ich in die Pilze."
Er war sofort begeistert.
Sie deutete an, dass in der Gegend Wölfe gesichtet wurden.
Höhnisches lauthalses Lachen als Antwort.
Sie schob ein dringendes Telefonat vor, dann ging es zum vorbestimmten Areal.
Nach einer Stunde wurde von ihr eine Lichtung angesteuert, auf der sich beide zum Picknick niederließen.
Im Dickicht knackten Äste. Ein Wolfskopf, mit dunklen Augen und aufgerissenem Maul, schob sich aus dem Unterholz.
Ihr ständiges Großmaul sprang entsetzt auf und rannte um sein Leben, der Wolf hinterher.
Am Auto hatte ihn sein allerbester Freund lachend, mit einer Karnevalsmaske unter dem Arm, eingeholt.

Sommerromanze

Schwarzer Himmel breitet seine Sterne,
über uns, als Traumkulisse aus,
wie bestellt, ein Lied aus weiter Ferne,
Wehmut klingt in Moll aus ihm heraus.

Es erreicht die Tiefen der Gefühle,
lauer Sommerwind streicht zart die Haut,
unsre Herzen fordern pochend Kühle,
bist in kurzer Zeit mir sehr vertraut.

Sanft ertasten Finger Regionen,
alle Scheu ist angstentschwunden fort,
spüren in uns wilde Explosionen,
wahre Liebe braucht dafür kein Wort.

Liegen wach, bis Sterne langsam schwinden,
das mit dir, wird unvergessen sein,
müssen uns zum Aufbruch überwinden,
seit der Nacht, schläft keiner mehr allein.

Wissenslücken

Mein Selbstwertgefühl kommt bei dir zum Erliegen,
die Blicke oft fordernd und strafend zugleich,
dein Sexappeal ist für mich Traumlandbereich,
in engere Wahl bin ich nie aufgestiegen.

Zuerst sollt ich Zweifel und Schwächen besiegen,
wie Butter zerlauf ich vor dir, werde weich,
das macht deine Schönheit, ganz ohne Vergleich,
wie lerne ich in deiner Nähe das Fliegen?

Voll Leidenschaft werd ich den ersten Kuss geben,
mein Magen schlägt Salto, mein Blut pulsiert heiß,
kann ich mit dir Stunden der Liebe erleben?

Nur gut, dass von Nymphomanie ich nichts weiß,
die Realität bringt mich erstmals zum Beben,
erlag deinen Künsten beim Männerverschleiß!

Tiefer Fall

Ein Käfer sprach zu seiner Frau:
„Dass ich dich lieb, weißt du genau.“
Was will der Kerl, denkt sie bei sich,
bestimmt hat der 'nen Sonnenstich.
Sein Schleimen ist nur aufgesetzt,
will er vielleicht was Essen jetzt?

Er nähert sich charmant der Braut,
die Därme knurren furchtbar laut.
Kriecht hierhin, dorthin, sucht er was?
Der Depp fällt in ein Cocktailglas.
Sie hört ihn lachen, hört ihn schrei'n:
„Das Zeug ist Wein, komm mit hier rein.“

Ein Mund nippt an des Glases Rand,
die Dame stutzt, was sie da fand,
sie ist entsetzt, es folgt ein Schrei,
ruft ihren Ehemann herbei.

Den Käfer spült's hinab ins Klo,
die Käferfrau sagt: „Ist halt so,
lag eh nur auf der faulen Haut,
sucht jemand eine Käferbraut?“

Letzter Funke

Dein Auto steht schon vor der Tür,
ab heute lässt du mich allein,
das soll für beide wohl so sein,
es bleibt ein Muss und keine Kür.

Noch zögerst du vor diesem Schritt,
erhoffst, ich halte dich zurück,
in Stücke brach das große Glück,
sahst zu, wie ich in Liebe litt.

Ich werd auch leben ohne dich,
wisch ab die Tränen, die ich wein,
kein Mensch kann lang alleine sein,
bereust zu spät, ganz sicherlich.

Noch während letzter Funke glimmt,
ein Amorpfeil sein Ziel erreicht,
den Seelenschutz in mir erweicht
und jede Hürde zu mir nimmt.

Flügge

Gen Himmel fliegt ein junges Vögelein,
zeigt Mut, will sich im Wind erproben,
ein Wolkenband verhüllt den Sonnenschein,
weiß nicht, wie bös Gewitter toben.

Die Front rückt an, noch flattert es allein
und hofft, dass ihn die Eltern loben,
doch plötzlich setzt ein starker Regen ein,
warum ist er als Erster abgehoben?

Geschwister hocken ängstlich noch im Nest,
wer flügge ist, der kann auch fliegen,
so dachte er und setzte an zum Test,
wollt seine Anfangsangst besiegen.

Durchnässt vom Wasser ist sein Federkleid,
beginnt im Sturzflug schnell zu sinken,
solch Wetter ist der Vögel größtes Leid,
sah nicht von fern das Unheil winken.

Missachtete Warnung

Mein Horoskop des heutigen Tages prognostizierte nichts Gutes.

Skorpion – was sollte also die Warnung, heut besonders auf Gefahren zu achten?

Auf ins Getümmel, das hieß, den Gang zur täglichen Arbeit.

Den Weg kannte ich seit über zwanzig Jahren und bis heut war mir dabei nie etwas passiert.

Eine unbekannte junge, attraktive, vollbusige Blondine kam mir lächelnd entgegen.

Mit dem charmantesten Augenlidzwinkern und einem breiten Grinsen im Gesicht, begegneten wir uns.

Im gleichen Augenblick rutschte mein Standfuß weg.

Ich landete mit schmerzhaftem Aufprall auf meinen Steiß.

Es soll mir bitte künftig keiner mehr sagen, nur Blondinen würden auf einer Bananenschale ausrutschen!

Verknorztes Weib

Entseelt, vor ewig langer Zeit,
hat sie dem Glauben abgeschworen,
zur Wende nicht bereit,
gezüchtigt, durch die Göttlichkeit,
besessen, hämisch auserkoren.

Inmitten eines Pferches eingepflanzt,
als Kreatur in einen Sinnbildbaum,
im Fluch dort tief verschanzt,
schaut tot heraus, verranzt,
nach hundert Jahren Zeit und Raum.

Mondän ihr Antlitz aus ihm prangt,
sie nennt Unsterblichkeit ihr Eigen
und weiß, wem sie ihr Leid verdankt,
der Inquisition, als Sankt,
man brachte bannverhangen sie zum Schweigen.

antwort auf

tausend gründe sich zu grämen
tausend gründe sich zu schämen
tausend gründe die dich lähmen
tausend gründe die dich zähmen
tausend gründe sich zu bangen
tausend gründe nicht zu prangen
tausend gründe die verlangen
tausend gründe nicht zu leben
tausend gründe nicht zu schweben
tausend gründe nichts zu geben
tausend gründe nicht zu streben

Nenne tausend Gründe, die dein Glück verhindern,
dir den Alltagsschmerz und Alltagskummer lindern,
nenn auch tausend Gründe, nicht ans Werk zu gehen,
von Problemen, die du hast, fernab zu stehen.

Nenne abertausend Gründe, auf die tausendfachen Fragen,
nicht der Mund, allein dein Herz kann dir die Antwort sagen.

Erste Liebe

Du bist so jung, fast elfenhaft,
erstrahlst verführerisch, voll heißer Leidenschaft.
Kommst tugendrein, als Sonnenschein
daher, wie aus dem Märchenland,
als roher Diamant, als Edelstein.
Ich reich zum Schritt ins Leben dir die Hand.

Kennst Zärtlichsein und auch Romantik nicht,
siehst Liebe schleierhaft im rosa Licht,
die Augen stellen stumme Fragen.
Vergisst die Welt um dich herum,
hörst Worte, die vertraut dir sagen:
Ich lieb nur dich, dein Mund bleibt stumm.

Willst du mit mir das Unbekannte suchen,
den Flug zu fernen Sternen buchen,
ins Paradies des Glücks entschweben?
Beginn der schönsten Zeit für dich,
die Anfangsseligkeit bewusst erleben,
beim ersten Liebeskuss, ganz sicherlich.

Oh Mario!

Vom Wahn besetzt, ist dieser Mario,
er lebt das Untergangsszenario.
Ein Luftschutzbunker, tief im Keller,
wer, außer ihm, ist noch viel heller?
Seit Jahren hortet er dort Speisen,
derweil frisst Rost am Doseneisen.

Oh Mario!
Wer nutzt in diesem Raum dein Zwitterklo,
solch Blödsinn findet sich doch nirgendwo.
Für frische Luft sorgt ein Propeller,
Alarm dröhnt bei ihm zehnmal greller.
Die Mär, sich sicher zu verschanzen,
gilt nicht im Jetzt, schützt nur vor Wanzen.

Oh Mario!
Saugst stündlich Fake-News auf vom Radio,
ein weiter so, ist Zwang, nicht termino.
Gräbst maulwurfähnlich Fluchtweggänge,
kein Mensch kennt Tiefe, Breite, Länge.
Kaufst für den Ernstfall Vorratsmengen ein,
sind Medien der Start zum Irresein?

Entgleitende Schönheit

Geschwängerte Luft trägt der Wind übers Meer,
sie duftet nach Salz und nach fischigem Tang.
Entbindet Gerüche an Küsten entlang,
entnahm das Aroma dem Gischtwellenheer.

Die Stürme, sie treiben manch Strandgut an Land,
es schwamm oft schon jahrelang ziellos dahin.
Es finden sich Muscheln und Schnecken darin,
auch Samen entsprießen aus altem Gewand.

Seh Bergspitzen schwinden, die Sonne glüht rot,
vom Meer wird sie blickverhüllt gierig verspeist.
Im Zeitraffermodus sie dort weiterreist,
erst wenn sie versinkt, ist der Augenblick tot.

Das Meeresschwarz mystisch, umwoben bei Nacht,
entblößt sich bei Tage in Schönheit und Glanz.
Der Wind bläst sein Lied, fordert Wellen zum Tanz,
entfesselt sind sie aus der Ruhe erwacht.

Loderndes Feuer

Im Internet lernte ich eine Frau anonym kennen.

Sie, auf der Suche nach einem gebildeten Partner, dem Treue noch etwas bedeutet. Da war ich doch genau der Richtige.

Beschrieb mich dann mit allen Vorzügen, die ein Mann seiner Liebsten bieten kann. Das hatte eingeschlagen, wie ein Blitz.

Treffpunkt, eine Cocktailbar - unauffällig.

Wie klopfte mein Herz, so eine Perle von Weib zu treffen, die nach ihrer Eigendarstellung in mein Raster passte.

Zwanzig Uhr - ich ging hinein, erspähte sie, auch die Rose auf dem Tisch - unser Zeichen.

Schon von hinten: Was für eine Erscheinung!

Sie wendete sich zu mir: Meine eigene Ehefrau!

Danke

Mein herzlichster Dank gilt insbesondere denen, die mir bei der Entstehung dieses Buches hilfreich zur Seite standen.

Amei und Roland Merz für das Lektorat.

Claudia Konrad für Satz und Covergestaltung.

Fred Kövari für die Fotos.

www.goldstadt-autoren.de
www.written-by-claudia.de

Weitere Werke

Sprudelnder Quell - Präsent in Reimen
Band 1 - 4

Band 1: ISBN 978-3-7347-7379-2
Band 2: ISBN 978-3-7386-5673-2
Band 3: ISBN 978-3-7347-3246-1
Band 4: ISBN 978-3-7412-8805-0

Mit zeitgenössischem Geschehen und einem Gespür für Gefühlvolles, Feinsinniges, Tiefgründiges sowie Humorvolles.

Auch als E-Books.

...lachBeschleuniger...

Humorgeladene gereimte Gedichte und Limericks.

ISBN 978-3-7460-6466-6
Auch als E-Book.

Gedankenpuzzle

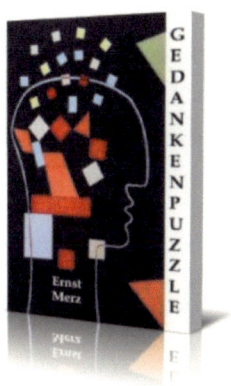

Lyrisches
Gedanken-Potpourri-Puzzle

Moderne und klassische Gedichte, Limericks
und Drabbles, eingebettet in Kunstwerken von
Werner Noske.

ISBN 978-3-7481-7210-9
Auch als E-Book.